入学教育

（职教版）

朱国苗　王志庆　王丽 ◎ 主编

安徽大学出版社

图书在版编目(CIP)数据

入学教育:职教版/朱国苗,王志庆,王丽主编.—合肥:安徽大学出版社,
2023.8(2024.8 重印)

ISBN 978-7-5664-2671-0

Ⅰ.①入… Ⅱ.①朱… ②王… ③王… Ⅲ.①中等专业学校—入学教育
Ⅳ.①G718.3

中国国家版本馆 CIP 数据核字(2023)第 152457 号

入学教育(职教版)   朱国苗　王志庆　王　丽 主编

出版发行	北京师范大学出版集团 安 徽 大 学 出 版 社 (安徽省合肥市肥西路 3 号 邮编 230039) www.bnupg.com www.ahupress.com.cn
印　　刷	合肥杏花印务股份有限公司
经　　销	全国新华书店
开　　本	710 mm×1010 mm　1/16
印　　张	10.75
字　　数	187 千字
版　　次	2023 年 8 月第 1 版
印　　次	2024 年 8 月第 2 次印刷
定　　价	30.00 元

ISBN 978-7-5664-2671-0

策划编辑:李晨霞	装帧设计:李伯骥
责任编辑:李晨霞	美术编辑:李　军
责任校对:刘婷婷	责任印制:陈　如　孟献辉

版权所有　侵权必究

反盗版、侵权举报电话:0551—65106311
外埠邮购电话:0551—65107716
本书如有印装质量问题,请与印制管理部联系调换。
印制管理部电话:0551—65106311

《入学教育（职教版）》编委会

主　　　　编　朱国苗　王志庆　王　丽
副　主　编　李　超　徐　黎　吴　杰
编委会主任　朱国苗　杨益民
编委会副主任　裴鹏飞　王秀江　周　波
编委会成员单位（以单位首字母为序）

安徽蚌埠技师学院	安徽建工技师学院
安徽六安技师学院	安徽能源技术学校
安徽省淮南卫生学校	安徽省霍邱师范学校
安徽省宿州逸夫师范学校	安庆大别山科技学校
蚌埠商贸学校	滁州市机械工业学校
滁州市应用技术学校	定远化工学校
凤阳科技学校	阜阳工业经济学校
阜阳经贸旅游学校	阜阳科技工程学校
阜阳理工学校	合肥经济贸易科技学校
合肥商贸科技学校	合肥市工程技术学校
合肥市经贸旅游学校	合肥市通用技术学校
合肥铁路工程学校	淮南经济技术学校
黄麓师范学校	霍邱工业学校
霍山职业学校	舒城职业学校
宿州应用技术学校	濉溪职业技术学校
太湖职业技术学校	铜陵理工学校
皖西经济技术学校	芜湖高级职业技术学校
宣城市机械电子工程学校	宣城市生物工程学校
宣城市信息工程学校	颍上县职业技术学校

前言

　　职业教育与普通教育是两种不同教育类型，普通教育毕业生进入职业教育阶段后，面临适应新环境、新生活、新专业、新课程、新教学模式和新学习方式等一系列困难，一些新生不同程度地出现奋斗目标不明、学习动力不足、专业学习迷茫、学习方法不当、独立生活不适应等问题。本书以职业学校新生入学后面临的常见问题为主线，用全新的政策解读、真实的案例讲述、实用的拓展训练，给予新生学习指导、生活辅导、职业引导，帮助学生完成角色转变，适应职业学校环境，获得学业成功，提高实践技能。

　　本书以习近平新时代中国特色社会主义思想为指导，按照"三全育人"的要求，选用职业学校校园的鲜活事例、大国工匠的先进事迹、职业学校优秀毕业生案例等，注重价值引领，以话题式引入，让学生在感兴趣的话题中汲取新知识，接受中华优秀传统文化的熏陶，自觉践行社会主义核心价值观，树立正确的世界观、人生观和价值观，从而厚植爱国主义情怀，练就过硬本领，勇于创新创造，立志肩负起民族复兴的时代重任。

　　我们在广泛征求安徽省职业学校师生意见和建议的基础上，认真贯彻党的二十大精神和职业教育法精神，结合职业教育新形势、新政策、新要求编写了本书。本书主要包括"校园与成长""养成与改变""行为与规范""安全与健康""学习与要求""知识与技能""就业与升学"等七讲内容，每讲大体由"学习目标""导读感悟""典型案例""方法常识""信息链接""拓展训练""实践活动"等组成，同时配有视频资源，图文并茂、通俗易懂、贴近学生，适合职业学校学生阅读学习。本书通过有序进行入学教育引导与职业准备教育，使学生在思想、心理上迎接新的挑战，在学习、生活上适应新的角色转换，为愉快、高效度过职业学校学习与生活奠定基础。

本书可以作为高职院校、中职学校和技工院校新生入学教育教材或新生自学读本，也可作为班主任、辅导员、学生管理及德育工作者等的参考用书。本书的教学可安排在入学教育的第一学期，结合军训、专题讲座进行，也可结合德育课、文化课、专业课和实习课的教学选择内容、安排教学，还可以结合主题班会、社团活动和学校应急疏散演练等方式完成相应的教学任务。

本书由朱国苗、王志庆、王丽主编，李超、徐黎、吴杰任副主编。第一讲由王鹏编写，第二讲由田金玉编写，第三讲由刘海编写，第四讲由陈偲偲编写，第五讲由古孜里努尔·艾尼瓦尔编写，第六讲由徐锐编写，第七讲由杨妍编写。全书由李双红（安徽省教育宣传中心）统审。

在编写过程中，我们参考了一些教育资源和同行的论著，也得到了兄弟院校老师们的大力支持，在此一并致谢！由于时间与水平所限，书中难免存在不足之处，恳请各位专家和广大师生指正，以便修订时改进。

《入学教育（职教版）》编写组

2023年5月

目 录
CONTENTS

第一讲 校园与成长 1

话题一 认识职业教育 ·················· 3
话题二 体验职校生活 ·················· 7
话题三 了解专业课程 ·················· 12
话题四 知晓资助政策 ·················· 18
话题五 参加社团历练 ·················· 23

第二讲 养成与改变 29

话题一 增强国防意识 ·················· 31
话题二 培育价值观念 ·················· 34
话题三 了解工匠精神 ·················· 37
话题四 体验劳动教育 ·················· 42
话题五 正确看待挫折 ·················· 46

第三讲 行为与规范 51

话题一 熟悉规章制度 ·················· 52
话题二 学会人际交往 ·················· 55
话题三 培育职业素养 ·················· 59
话题四 学习文明礼仪 ·················· 62
话题五 坚持诚信守法 ·················· 71

第四讲 安全与健康 78

- 话题一　注意校园安全 80
- 话题二　防范网络诈骗 87
- 话题三　学会应急避险 90
- 话题四　调适心理健康 94
- 话题五　常见疾病防治 98

第五讲 学习与要求 103

- 话题一　学习有关建议 104
- 话题二　讲究学习方法 106
- 话题三　培养学习兴趣 111
- 话题四　提高学习效率 113
- 话题五　提升素质能力 117

第六讲 知识与技能 122

- 话题一　合理安排学习 123
- 话题二　开展工学交替 127
- 话题三　提高技术技能 130
- 话题四　参加技能比赛 133

第七讲 就业与升学 139

- 话题一　培养职业兴趣 141
- 话题二　规划职业生涯 146
- 话题三　走向实习就业 149
- 话题四　实现升学梦想 153
- 话题五　开拓创业之路 159

第一讲 校园与成长

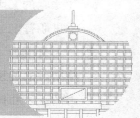

学习目标

认识职业教育的内涵，正确看待职业教育与成长成才的关系。

了解职业学校的特点和社团组织，尽快适应学校生活。

知晓职业学校的专业课程设置、资助政策，能够确定适合自己的成长目标。

同学们，当你完成义务教育阶段学业后，可能会进入中等职业学校；当你完成高中阶段学业后，可能会进入高等职业（专科）学校或职业教育本科学校。从你进入职业学校的那天开始，职业教育就在改变着你的人生，它将让你拥有一技之长，成就出彩人生。从那一刻起，你就要告诉自己，在校园里要选择适合自己的成长路径，树立正确的世界观、人生观、价值观和职业观，为将来的求职就业打下良好的学业基础。职业学校是一个全新的起点，你将从这里全新启航，在探索新知识和学习新技能中不断历练成长，成为社会需要的高素质技术技能人才。

导读感悟

党的十八大以来，我国逐步建成了世界最大规模的职业教育体系，中国特色职业教育发展道路和模式基本形成，职业教育吸引力、影响力、竞争力不断增强，职业教育面貌发生了历史性变化。

2021年4月，习近平总书记对职业教育工作作出重要指示强调：在全面建设社会主义现代化国家新征程中，职业教育前途广阔、大有可为。

我国现有职业学校超过1万所，职业教育在服务经济社会发展和个人成长成才中发挥了不可替代的重要作用。

党的二十大报告指出：统筹职业教育、高等教育、继续教育协同创新，推进职普融通、产教融合、科教融汇，优化职业教育类型定位。职业教育正从"大有可为"向"大有作为"转变，职业教育理念更加深入人心，纵向贯通、横向融通的现代职业教育体系构建，为全面建设社会主义现代化国家提供了有力的人才和技能支撑。

俗话说："三百六十行，行行出状元。"进入职业学校的同学们，只要根据自己兴趣和职业志向选择一门专业技术，并不断学习和钻研，从而熟练掌握一门技术，照样能走遍天下。职业学校就是你学习技术、练就本领的舞台，助你将来扬帆远航，实现自己的人生理想。

典型案例

痴迷于汽车喷漆的少年——汽车喷漆金牌项目获得者蒋应成

1996年5月，蒋应成出生于云南保山。初中毕业后，出于对喷漆的热爱，蒋应成毫不犹豫地选择了设有汽车喷漆专业的职业高中。2012年，他进入杭州技师学院就读。

2016年9月，蒋应成参加第44届世界技能大赛汽车喷漆项目全国选拔赛，夺得第一名，入选国家集训队。

世界技能大赛汽车喷漆项目比赛的要求是油漆上下的厚度误差不超过0.01毫米，相当于一根头发直径的1/6左右。

蒋应成说："在喷涂过程中，如果手抖一下就会超过0.01毫米，表面的颜色与标准颜色就会不一样，光泽度、纹理等都会出现变化，还会出现流挂等现象。汽车油漆一般要喷五六层，每一层都需要高标准。"

在比赛中，车身图案制作和车门内外双色喷涂这两个模块，让蒋应成分外上心。因为国内在这方面的技术信息资源相对较少，精通的专家也不多，蒋应成只能参照上一届的样板，不断摸索。

在比赛时间比上一届缩短4个小时、人数增加6名的激烈竞争中，蒋应成顶着压力，心无旁骛、沉着应战，最终夺冠。

"默默积蓄力量，我要走得更远。"虽然曾站在世界技能舞台之巅，但回到杭州技师学院，蒋应成又立即投身于汽车喷漆教学，之后，他将以教师的身份和责任感，手把手地传授学生喷漆技能。

话题一
认识职业教育

职业教育是国民教育体系和人力资源开发的重要组成部分。它是与普通教育具有同等重要地位的教育类型，是培养多样化人才、传承技术技能、促进就业创业的重要途径。发展职业教育，已经成为世界各国应对经济、社会、人口、环境、就业等方面的挑战，实现可持续发展的重要战略选择。

进入新时代，党和国家高度重视职业教育，把职业教育摆在经济社会发展和教育改革创新中更加突出的位置。经过长期的实践探索，我国形成了独具特色的现代职业教育发展范式。

 方法常识

（一）了解职业教育的概念及其与普通教育的联系和区别

· 职业与职业教育　职业是指人们在社会生活中所从事的以获得物质报酬为自己主要生活来源并能满足自己精神需求、在社会分工中具有专门技能的工作。职业教育是为了培养高素质技术技能人才，使受教育者具备从事某种职业或者实现职业发展所需要的职业道德、科学文化与专业知识、技术技能等职业综合素质和行动能力而实施的教育，包括职业学校教育和职业培训。

· 职业教育和普通教育的联系与区别　职业教育和普通教育有许多相同的地方，如共同遵循教育的基本原则，共同追求培养德、智、体、美、劳全面发展的社会主义建设者和接班人的总体目标，共同遵循政策宏观调控与学校自主办学相结合的原则。但职业教育与普通教育又有着明显的区别，两者在教育类型、培养目标、培养方式、课程设置、学业水平评价方式上存在着较大差异。

普通教育是职业教育的基础。随着现代科技在生产中的普及与应用，生产对劳动者的文化素质和应变能力提出了越来越高的要求，各国民众接受职业教育的年龄段不断上移，也就意味着现代职业教育要以相当扎实的普通教育作为基础。

职业教育不是终结教育。"中职→高职→应用型本科→专业型研究生教育"的人才培养通道已经打通。《中华人民共和国职业教育法》规定："职业学校教育分为中等职业学校教育、高等职业学校教育。中等职业学校教育由高级中等教育层次的中等职业学校（含技工学校）实施。高等职业学校教育由专科、本科及以上教育层次的高等职业学校和普通高等学校实施。"2019年至2022年8月，教育部先后批准32所学校开展本科层次职业教育试点，支持优质专科高职院校升级一批骨干专业举办职业本科教育，鼓励应用型本科院校举办职业本科专业，切实提高高层次技术技能人才供给能力。学有余力、想上大学的学生，就读中职学校，同样可以实现大学梦想，通过努力还可以成为硕士生、博士生。

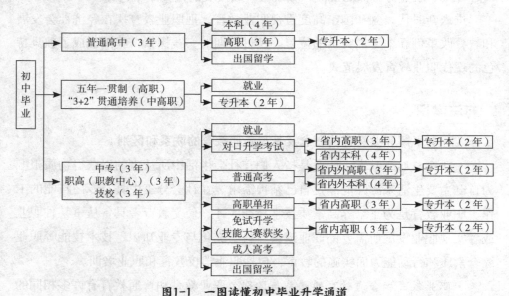

图1-1　一图读懂初中毕业升学通道

（二）认知现代职业教育体系

· **我国职业教育体系**　职业教育在快速发展的经济中扮演着非常重要的角色。发达国家和地区把发展职业教育作为满足劳动力市场需求变化和提升国际竞争力的重要手段。经过40多年的改革、开放与发展，我国产业结构和就业结构的调整速度加快，对职业教育发展也提出了新的、更高的要求。

《中华人民共和国职业教育法》提出：国家建立健全适应经济社会发展需要，产教深度融合，职业学校教育和职业培训并重，职业教育与普通教育相互融通，不同层次职业教育有效贯通，服务全民终身学习的现代职业教育体系。

职业教育是国民教育体系和人力资源开发的重要组成部分，肩负着培养多样化人才、传承技术技能、促进就业创业的重要职责。在全面建设社会主义现代化国家新征程中，职业教育前途广阔、大有可为。中等职业学校教育是目前我国职业教育的重要主体，通过高级中等教育层次的中等职业学校（含技工学校）来实施。招生对象主要是初中毕业生和具有初中同等学力的人员，学制以3年为主。这类学校在讲授高中基础文化科学知识的同时，根据职业岗位要求，有针对性地实施职业准备教育和职业技能训练，培养技能型人才和高素质劳动者。近年来，各类中等职业学校通过布局结构调整和资源整合开始走向融合。

高等职业教育是改革开放以来为了适应经济社会发展需要，在改革原有的高等专科学校、职工大学、成人高校以及整合优质中等职业学校资源的基础上发展起来的。目前，高等职业学校主要招收普通高中和中等职业学校毕业生，学制为3～4年，致力于培养高技能人才，特别强调培养应用型、工艺型、复合型的高技能人才。

职业培训是为丰富劳动者技术业务知识和提高劳动者职业技能水平而开展的一种教育活动。与正规学校教育相比，职业培训具有内容针对性强、时间灵活、方式多样、招生对象不限等特征。目前，我国主要的职业培训机构有成人技术培训学校（按培训对象不同分为职工技术培训学校和农民技术培训学校）、各级各类职业学校和就业训练中心等。培训的内容主要是资格认证培训、学徒制培训、就业培训（包括第一次就业培训和再就业培训）、在职人员岗位培训、农村劳动力转移培训、农民实用技术培训等。

改革开放以来，职业教育发展表现出不同的变化轨迹。其中，随着义务教育的普及，初等职业教育的办学数量、在校生数量和专职教师数量等在逐步减少。通过办学正规化，逐步减小了成人中等职业教育的办学规模；中等职业教育成为职业教育发展的主体，办学规模有所扩大。特别是2000年以来，先后出台的《国务院关于大力推进职业教育改革与发展的决定》《国务院关于大力发展职业教育的决定》《国家职业教育改革实施方案》《中华人民共和国职业教育法》《关于推动现代职业教育高质量发展的意见》，促进了中等职业教育和高等职业教育的快速发展。

· 现代职业教育体系　现代职业教育体系以各级各类职业学校和职业培训机构为主要载体，具有适应需求、有机衔接、多元立交的特点。适应需求，就是适应经济发展方式转变、现代产业体系建设和人的全面发展要求，遵循技术技能型人才成长规律，实现各级各类职业教育的科学定位和布局；有机衔接，就是统筹协调中等、高等职业教育发展，以课程衔接体系为重点，促进培养目标、专业设置、教学资源、招生制度、评价机制、教师培养、行业指导、集团化办学等领域相衔接；多元立交，就是推动职业教育与普通教育、继续教育相互沟通，实行全日制教育与非全日制教育并重，搭建职业教育人才成长"立交桥"。

2021年7月31日，中共中央办公厅、国务院办公厅印发《关于推动现代职业教育高质量发展的意见》（以下简称《意见》）。《意见》明确提出：到2025年，职业教育类型特色更加鲜明，现代职业教育体系基本建成，技能型社会建设全面推进。办学格局更加优化，办学条件大幅改善，职业本科教育招生规模不低于高等职业教育招生规模的10%，职业教育吸引力和培养质量显著提高。

《意见》还提出：到2035年，职业教育整体水平进入世界前列，技能型社会基本建成。技术技能人才社会地位大幅提升，职业教育供给与经济社会发展需求高度匹配，在全面建设社会主义现代化国家中的作用显著增强。

 信息链接

《中华人民共和国职业教育法》

话题二 体验职校生活

职业学校到底是什么样的？职业学校的学生在学什么？怎么学？很多家长和同学在选择职业学校的时候有着很多的顾虑和困惑。在国家大力发展职业教育的形势下，职业学校有着舒适的校园环境，完备的生活保障，多元的课程，是技术技能人才成长的摇篮。

职业学校的校园生活也许和初中、高中阶段有着相似的地方，但也有着一些不同。在职业学校，独立生活将是你进入职业学校学习的第一课，德技并修、知行合一将是你在职业学校最大的收获。

方法常识

（一）共建和谐寝室

同学们大部分时间是在寝室内度过的，寝室生活的愉快与否，对同学们的健康、生活和学习十分重要。

· 制定寝室公约　到寝室后，多人住在一个空间，需要选举或由班主任任命一个寝室长，制定一个寝室成员共同遵守的公约。公约内容主要包括寝室卫生、寝室安全、同学相处等方面。寝室长应由办事公道、热心服务、有一定威信的同学担任，同寝室的其他同学应当支持寝室长的工作，服从寝室长的管理，每个人做好自己分内的事，共同打造一个文明、卫生、和谐的寝室环境。

· 维护寝室卫生　寝室卫生关系每位同学的身心健康，需要大家共同维持。一是要注意集体卫生：寝室卫生轮流打扫，保持地面无垃圾、洗漱台清洁、寝室通风换气等。二是不要随便在床上坐卧：从外面回到寝室，不要随便在床上坐，更不要不洗漱就睡到床上，以免身上和衣物上的灰尘污染床上用品，影响身体健康。

·建设寝室文化 寝室也是一个家，应对寝室进行必要的整理美化，如张贴必要的公约、名言警句、作息时间表、课表等，寝室内学习、生活用品摆放整齐有序，床上被褥叠放整齐，室友间相互帮助。若同学们生活在这样的寝室里，则一定会心情愉悦，有利于学习和身体健康。

·参加寝室文娱活动 寝室里有文娱活动的时候要参加，不要搞特殊，不要搞个人主义，尽管你没那么想，但是如果寝室里的活动你总是不参加，你的室友就会慢慢疏远你。

·与室友和谐相处 室友来自天南地北，习惯各异，与室友相处的时候，出现争执和矛盾在所难免。对于室友不良的生活习惯要学会包容，可以开诚布公地跟他（她）谈谈，有时是他自己没有意识到而妨碍了别人，若有人向他提出来，以后他就会注意了。

（二）养成良好的习惯

·早睡早起 养成良好的作息习惯，晚上按时睡觉，早上按时起床；晚上不熬夜，莫贪玩，保证充足的睡眠。

·勤刷牙 我们吃完食物后，会有少量残渣粘在牙齿上，晚上睡觉时口腔里的残渣就会在口腔细菌作用下变酸，使牙齿缺损、疼痛，破坏牙齿功能，影响消化吸收，严重时能引起牙髓炎、根尖炎等疾病。所以，要养成勤刷牙、饭后漱口和睡前不吃东西的良好习惯。

·参加体育活动 要积极参加学校组织的体育活动，这不仅可以使我们的骨骼、肌肉强壮发达，还能促进大脑和各内脏器官的健康发育。

（三）讲究个人卫生

·做到"四勤" 勤洗手、勤洗澡、勤剪指甲、勤打扫寝室卫生。手经常拿这摸那，很容易被弄脏。如果用脏手抠鼻子、揉眼睛、摸嘴巴，就会把病菌带进体内，特别是长指甲内含有大量污垢和有害病菌，极易引起疾病。

·做到"两不""五好" "两不"就是不和他人共用洁具，如毛巾、杯子、牙刷等；不要乱扔垃圾。"五好"就是心态调整好、生活安排好、饮食调节好、衣服穿得好、健康关注好。心态调整好就是要保持心情愉快；生活安排好就是每天为学习、体育锻炼、休息等活动安排好时间，使自己每天的生活有规律；饮食调节好就是每天的膳食要合理，荤素搭配有营养；衣服穿得好就是着装大方得体、干净整洁，并随气温的变化而增减衣裳；健康关注好就是具有必备的健康常识，注意关注自己的身体健康状况，有病及时寻医就诊。

（四）文明有序用餐

·**文明用餐** 住校用餐要自觉有序排队，不哄抢，不乱倒剩饭剩菜，保持餐桌清洁。用完餐后自备餐具要及时清洗，公用餐具须放到指定地点，同时尊重食堂炊事员和服务员的劳动。

·**节粮节水** 爱惜粮食，节约用水。根据自己的需要，适量取用饭菜和饮用水。吃饭时，倡导"光盘"行动；不用自来水时，应及时关闭水龙头，杜绝浪费，崇尚"低碳生活"。

·**饮食健康**

1. 吃好早餐　不吃早餐会使人体血糖降低，大脑营养供应不足，而上午又是功课最多的时候，大脑需要的能量得不到供应，就会影响功课。因此，每天要吃好早餐，早、中、晚餐定时定食。做到早吃好、午吃饱、晚吃少。此外，每天尽可能多吃蔬菜、瓜果和豆制品。

2. 不吃变质食物　不随意购买、食用街头小摊贩出售的食品与饮料，在超市、商店、网上购买具有质量安全（QS）标志的包装食品。此外，不要食用长期存放的食物，这些食物因保存不当可能会滋生有害物质，吃了它们则有可能造成食物中毒。

3. 充足饮水　水是人体最主要的组成部分，研究发现，饮水不足是大脑衰老加快的一个重要原因。同学们不要等口渴了再饮水，且每天至少要饮用8杯水，以保证身体正常代谢的需要。

（五）共创文明班级

·**融入集体** 班里的同学可能来自各个地方，有着不同的背景、不同的习俗、不同的想法、不同的生活习惯，这时，要学会包容和尊重他人。不要一味以自己的标准来要求别人，要适当地让自己作出改变。要平易近人才可以很好地融入集体。

·**热爱班级** 身为班级一员，要主动维护班级的荣誉；学会团结协作，共同进步；勇于承担责任、义务，自觉保护班级公共设施。

·**积极参加班级活动** 班级是我们在校生活与学习的重要场所，而学校的许多活动都是以班级为单位组织的，要积极参与，这样我们就能了解很多、学会很多。

（六）注意保护环境

• **垃圾分类存放**　垃圾可分为可回收垃圾、有害垃圾、湿垃圾、干垃圾。其中，可回收垃圾是指适宜回收和可循环利用的废弃物，主要包括废玻璃、废金属、废塑料、废纸张、废织物等；有害垃圾是指对人体健康或自然环境造成直接或者潜在危害的零星废弃物，单位集中生产的除外，主要包括废电池、废灯管、废药品、废油漆桶等；湿垃圾是指易腐的生物质废弃物，主要包括剩菜剩饭、瓜皮果核、花卉绿植、肉类碎骨、过期食品、餐厨垃圾等；干垃圾是指除有害垃圾、可回收垃圾、湿垃圾以外的生活废弃物。

• **不用塑料袋盛放食品**　一些塑料是用聚苯乙烯、聚丙烯、聚氯乙烯、双酚类等高分子化合物制成的（如一次性发泡饭盒和食品袋），若用这类塑料制品盛放食物，一旦遇热（65℃以上），塑料中的有毒物质就会析出附着在食物上，食用后会致畸致癌，危害健康。这些塑料垃圾"烧不得"（对其焚烧会释放出多种化学有毒气体，破坏生态环境，对人和鸟兽也有很大危害），又"埋不得"（如果将其填埋，因为它不透水、不透气，就会影响农作物吸收养分和水分，导致减产），而且这些塑料不可降解，被自然环境中的微生物分解成无机物，甚至需要好几百年。

• **少用一次性用品**　餐巾纸、一次性饭盒、一次性筷子等尽量少用。一方面，生产一次性用品需要耗费大量的资源，排放大量的废弃物；另一方面，一些一次性用品使用后，最终成为难以降解或不可降解的垃圾。即便是用环保材料制成的一次性用品，其制造、回收的过程也同样消耗大量的能源。因此，我们用餐时应携带餐具，少用或不使用一次性餐具（碗、盘子、筷子等）。

• **爱护校园花草**　校园里的绿色草坪、树木，能对环境起到净化作用，让我们的校园环境更加优美，同学们绝不能随意践踏草坪，且要做到不掐摘花朵，不毁坏树木。

（七）五育并举　全面发展

• **德育**　党的十八大报告中，首次提出将"立德树人"作为教育的根本任务。教育部修订印发的《中等职业学校德育大纲》（2014年修订），明确提出要把学生培养成为爱党爱国、拥有梦想、遵纪守法、具有良好道德品质和文明行为习惯的社会主义合格公民，成为敬业爱岗、诚信友善、具有社会责任感、创新精神和实践能力的高素质劳动者和技术技能人才，成为中国特色社会主义事业合格建设者和可靠接班人。

·智育　智育是智能教育的简称，是全面发展教育的重要组成部分，指教育者有目的、有计划、有组织地向学生传授系统的文化科学知识、技能和发展学生智力的教育。在职业学校，学生将系统全面地接受专业理论知识教育和技术技能训练，经过企业岗位实习锻炼后成为一名合格的高素质、高技能劳动者。

·体育　体育是向受教育者传授健身的知识技能，增强他们的体质，培养他们自觉锻炼身体习惯的教育。职业学校坚持树立健康第一的教育理念，开齐开足体育课，帮助学生在体育锻炼中享受乐趣、增强体质、健全人格、锤炼意志。职业学校有着丰富多彩的文体活动，学生可以根据自己的兴趣参加体育锻炼，增强体质。

·美育　美育是培养学生的审美观，发展学生鉴赏美、创造美的能力，培养学生高尚情操和文明素质的教育。职业学校坚持以美育人、以文化人，开展各种艺术类课程和文化艺术节等艺术活动，提高学生审美和人文素养。

·劳育　劳育是培养学生劳动观念和劳动技能的教育。习近平总书记在2018年全国教育大会上强调要在学生中弘扬劳动精神，教育引导学生崇尚劳动、尊重劳动，懂得劳动最光荣、劳动最崇高、劳动最伟大、劳动最美丽的道理，长大后能够辛勤劳动、诚实劳动、创造性劳动。劳动教育在职业学校已蔚然成风。

 信息链接

中共中央　国务院印发《深化新时代教育评价改革总体方案》

话题三 了解专业课程

各职业学校根据教育部有关教学的指导性文件，按照地方经济发展的需求，结合学校的师资、实训设备等教学条件，开设了不同的专业。同学们对职业学校开设的专业一定很陌生，对如何选择专业也很困惑。下面就和同学们谈谈职业学校的专业设置与课程结构。

 方法常识

（一）职业学校的专业设置

· 专业类别　2021年，教育部颁布了《职业教育专业目录（2021）》，一体化设计了中职—高职专科—高职本科专业体系，并通过新增、更名、合并、撤销等方式调整专业，专业总体调整幅度超过60%。《职业教育专业目录（2021）》深度对接了新发展阶段的新经济、新业态、新技术、新职业，对职业教育专业体系进行了系统升级和数字化改造。该目录共有19个专业大类、97个专业类别。

表1-1　中等职业教育、高等职业教育本（专）科专业大类

序号	专业大类名称	序号	专业大类名称
1	农林牧渔大类	2	资源环境与安全大类
3	能源动力与材料大类	4	土木建筑大类
5	水利大类	6	装备制造大类
7	生物与化工大类	8	轻工纺织大类
9	食品药品与粮食大类	10	交通运输大类
11	医药卫生大类	12	电子与信息大类
13	财经商贸大类	14	旅游大类
15	文化艺术大类	16	新闻传播大类

续表

序号	专业大类名称	序号	专业大类名称
17	教育与体育大类	18	公安与司法大类
19	公共管理与服务大类		

• **专业设置** 《职业教育专业目录（2021）》共设置1349个专业，其中，中等职业教育专业358个，高等职业教育专科专业744个，高等职业教育本科专业247个。据统计，此版目录共计新增专业269个。其中，中等职业教育新增28个专业，高等职业教育专科新增74个专业，高等职业教育本科新增167个专业。在每个专业大类中又分了若干个具体的专业，例如：装备制造大类中有43个专业。

新增专业有紧密对接现代产业体系、服务国家战略的特点。比如面向战略性新兴产业重点领域，设置智能机器人技术、生物信息技术、飞行器数字化装配技术等专业；面向现代服务业重点领域和紧缺领域，设置健康大数据管理与服务、医养照护与管理、婴幼儿托育、智慧健康养老管理等专业；面向乡村振兴和绿色低碳发展领域，设置现代种业技术、林草生态保护与修复、生态环境工程技术等专业。新增专业又有紧密对接新业态、新职业的特点。比如对接智能工厂新业态岗位，中等职业教育新增智能化生产线安装与运维专业；对接定制旅行新业态岗位，高等职业教育专科新增定制旅行管理与服务专业；对接智慧交通新业态岗位，高等职业教育本科新增城市轨道交通智能运营专业。新增专业还紧密对接先进技术，服务行业应对升级挑战和数字化转型。比如助力破解"卡脖子"关键技术，新增集成电路技术等专业；对接人工智能、5G、区块链等新一代信息技术催生的技术岗位，新增区块链技术应用、卫星通信与导航技术、云计算技术等专业。

（二）职业学校的课程结构

职业学校的课程设置分为公共基础课程和专业技能课程（实习实训课程）。

• **公共基础课程** 公共基础课程包括德育课、文化课、体育与健康课、艺术课及其他公共选修课程。其任务是引导学生树立正确的世界观、人生观和价值观，提高学生的思想政治素质、职业道德水平和科学文化素养；注重培养学生的能力，加强与学生生活、专业和社会实践的紧密联系；为学生专业知识的学习和职业技能的培养奠定基础，满足学生职业生涯发展的需要。

·**专业技能课程** 专业技能课程的任务是培养学生掌握必要的专业知识和比较熟练的职业技能，提高学生就业、创业和适应职业变化的能力。按照相应职业岗位（群）的能力要求，采用基础平台加专门化方向的课程结构。

·**实习实训课程** 实习实训课程是专业技能课程教学的重要内容，是培养学生良好的职业道德，强化学生实践能力和职业技能，提高学生综合职业能力的重要环节。实习实训课程目前提倡大力推行工学结合、校企合作、岗位实习的模式。

（三）如何选择专业

·**认识学校开设的专业** 同学们可以登录招生学校的网站，认真阅读招生简章，观看职业学校的宣传片，也可到职业学校现场咨询，了解学校开设的专业，各专业的主干课程、培养目标、就业方向和就业前景。

·**了解专业的设置** 职业学校的专业主要是按照职业分工与职业岗位（群）对专门人才的要求而设置的。任何一个专业，都是要经过前期市场调研、论证，充分利用学校师资、设备等教学资源的优势，结合市场需求，综合考虑地方经济发展对人才的需求，报上级教育主管部门审批备案的。

·**选择自己热爱的专业** 在进行专业选择时，要进行自我分析，包括兴趣爱好、性格倾向、健康状况、性别差异等，要知道自己喜欢什么、现在想做什么、将来打算做什么。不同的人有不同的兴趣，只有选择自己热爱的专业，才能主动探究，才能学得快、学得好。同时，选择专业要结合自己的性格和身体状况综合考虑，切忌盲目从众。建议同学们找一位职业学校的老师，向他详细说明自己的情况、想法、志向等，参考老师的建议，选定专业，明确目标。

·**做好职业生涯规划** 职业生涯规划是指在对自己职业生涯的主客观条件进行测定、分析、总结研究的基础上，对自己的兴趣、爱好、能力、特长、经历及不足等各方面进行综合分析、认真权衡而制定的职业发展规划。同学们要从认识自我、人生目标、个人能力等方面来规划人生的发展方向。

·**知晓经济发展对人才的需求** 经济繁荣发展需要大量的技术技能人才，这就给职业学校的毕业生提供了广阔的就业前景。由于自然资源的不同、区位优势的差异、经济发展速度的不同，各地需求人才的类型也不一样，所以，学校开设专业时会考虑这些因素，个人选择专业也不能忽视这些因素。需求量大的专业人才，就业会更有保障，工资待遇也相对较好。

（四）职业学校的教育教学模式

·**职业学校的办学方向**　职业学校的办学方向是"坚持以立德树人为根本，以服务发展为宗旨，以促进就业为导向"。2021年，中共中央办公厅、国务院办公厅印发的《关于推动现代职业教育高质量发展的意见》提出：职业教育要坚持正确办学方向，坚持立德树人，优化类型定位，深入推进育人方式、办学模式、管理体制、保障机制改革，切实增强职业教育适应性，加快构建现代职业教育体系，建设技能型社会，弘扬工匠精神，培养更多高素质技术技能人才、能工巧匠、大国工匠，为全面建设社会主义现代化国家提供有力人才和技能支撑。

职业教育为社会服务能力的高低直接关系职业教育的生存与发展。职业教育要以服务为宗旨，一是服务于经济社会的发展，二是为促进就业服务。就业是职业学校的重要价值取向，主要包括在相关行业的订单就业，在人才、劳务市场的选择就业，根据社会需求、工作状况和自己能力的转岗就业和自主创业等。

职业学校同时也为一些学有余力的学生提供继续深造的机会，逐步满足学生日益增长的、接受多样化职业教育的需求。

·**职业学校的人才培养模式**　职业学校的人才培养模式主要是"工学结合""校企合作""岗位实习"。

1."工学结合"　"工学结合"的"工"即工作，指学生在企业实践，或作为企业员工的一员进行实习，在工作中培养职业素质和提高技能；"学"即学习，指学生在学校和企业进行基础知识、专业知识、技术技能的学习以及人文素质的培养。

2."校企合作"　"校企合作"以培养学生的全面素质、综合能力和就业竞争力为重点，运用职业学校和企业两种不同的教育环境和教学资源，通过课堂学习和实际工作的有机结合，培养适用于职业岗位的技术技能型人才。

3."岗位实习"　"岗位实习"不同于在校的实习实训，岗位实习需要学生履行其工作岗位的全部职责。岗位实习一般安排在学生在校学习的最后一年或半年。岗位实习是通过工作岗位的真实性、工作环境的复杂性、工作经历与体验的综合性来增强学生的就业和创业能力。

·**职业学校的教学模式与教学方法**　职业教育以培养满足社会生产、管理、服务第一线对中高级技术技能人才和高素质劳动者的需要为目标。因此，其教学模式与普通教育相比也有明显的差异。职业教育长期以来形成了多种比较重要的教学模式，主要有以下几种：

1. "教学做合一"教学模式　"教学做合一"教学模式源自中国教育家陶行知的教学理论，视"教学做"为一体。其核心是"教的法子根据学的法子，学的法子根据做的法子。事怎样做就怎样学，怎样学就怎样教。教与学都以做为中心。在做上教的是先生，在做上学的是学生"。"教学做"是一件事，不是三件事，是一件事的三个方面。

2. "产教结合"教学模式　"产教结合"教学模式是学校与企业双方合作，共同完成教育工作，培养合格人才的一种职业教育形式。如德国的"双元制""现代学徒制"：学生三分之二的时间在企业学习，三分之一的时间在学校学习。美国的"合作制"：学生在企业和学校学习的时间各占一半。

3. "理论实践一体化"教学模式　"理论实践一体化"教学模式是指在特定的技术实训中心，通过师生双方边教、边学、边做，完成某一教学目标和教学任务。实训中心以先进的生产设备和教学设备，融理论教学、实践教学、技术服务与生产为一体，营造浓郁的职业教育氛围，达到能力与素质同步培养的目的。

职业学校重视直观性教学、实验实习教学和现场教学环节。教学多采用分层次教学法、直观教学法、情景教学法、案例教学法、项目教学法、讨论式教学法、模块教学法、任务引领教学法等，贯彻"在做中教，做中学"的理念，突出以学生为中心，加强培养学生的动手能力，以提高学生的就业竞争力。

同时，职业学校也会充分利用学校数字化教学平台，共享教育部数字化教学资源库，运用信息化教学手段，进行仿真教学，增强教学效果。

· 职业学校的思政教育和德育特色　职业学校注重德育教育，坚持把立德树人作为中心环节，落实课程思政要求，把思想政治工作贯穿教育教学全过程，实现全员育人、全过程育人、全方位育人。《中等职业学校德育大纲》（2014年修订）明确中等职业学校要以理想信念教育、中国精神教育、道德品行教育、法治知识教育、职业生涯教育、心理健康教育为抓手，通过课程教学、实训实习、学校管理、校园文化、志愿服务、职业指导、心理辅导、家庭和社会等途径来实施全员、全程、全方位育人。2019年，教育部办公厅发布的《关于加强和改进新时代中等职业学校德育工作的意见》指出，深入开展习近平新时代中国特色社会主义思想教育，强化理想信念和社会主义核心价值观教育，加强中华优秀传统文化、革命文化和社会主义先进文化教育，培育弘扬劳动精神、劳模精神和工匠精神。

信息链接

《中等职业学校学生学籍管理办法》（节选）

第三章　学习形式与修业年限

第十二条　学校实施全日制学历教育，主要招收初中毕业生或具有同等学力者，基本学制以3年为主；招收普通高中毕业生或同等学力者，基本学制以1年为主。

第五章　成绩考核

第二十一条　学生应当按照学校规定参加教学活动。

第二十二条　学校按照国家或行业有关标准和要求组织考试、考查。

第二十五条　考试、考查和学生思想品德评价结果，学校应当及时记入学生学籍档案。

第六章　工学交替与顶岗实习

第二十六条　学校应当按照法律法规和国家教育行政部门文件规定组织学生顶岗实习。

第二十七条　学生顶岗实习和工学交替阶段结束后，应当由企业和学校共同完成学生实习鉴定。学校应当将学生实习单位、岗位、鉴定结果等情况记入学籍档案。

第七章　奖励与处分

第二十九条　学生在德、智、体、美等方面表现突出，应当予以表彰和奖励。

学生奖励分为国家、省、市、县、校等层次，奖项包括单项奖和综合奖。

第三十条　学校对于有不良行为的学生，可以视其情节和态度分别给予警告、严重警告、记过、留校察看、开除学籍等处分。

第八章　毕业与结业

第三十三条　学生达到以下要求，准予毕业。

1. 思想品德评价合格；

2. 修满教学计划规定的全部课程且成绩合格，或修满规定学分；

3. 顶岗实习或工学交替实习鉴定合格。

第三十六条　对于在规定的学习年限内，考核成绩（含实习）仍有不及格且未达到留级规定，或思想品德评价不合格者，以及实行学分制的学校未修满规定学分的学生，发给结业证书。

《教育部关于印发〈中等职业学校学生学籍管理办法〉的通知》

话题四　知晓资助政策

国家为鼓励初、高中毕业生就读职业学校，帮助家庭经济困难学生完成学业，建立了以国家助学金、国家免学费为主，以校内奖助学金和学费减免等为辅的资助政策体系。

 方法常识

（一）中等职业教育学生资助政策

· 国家奖学金　国家对全日制中等职业学校二年级（含）以上学生中学习成绩优异、技能表现突出的学生进行奖励，每年奖励2万名学生，奖学金标准每生每年6000元。

·国家助学金　资助中等职业学校全日制学历教育正式学籍一、二年级在校涉农专业学生和非涉农专业家庭经济困难学生。平均资助标准每生每年2000元。原六盘山区等11个连片特困地区和西藏、四省藏区中等职业学校农村学生（不含县城），新疆南疆四地州中职学校学生全部纳入享受国家助学金范围。

·免学费　对中等职业学校全日制学历教育正式学籍一、二、三年级在校生中所有农村（含县镇）学生、城市涉农专业学生、城市家庭经济困难学生、民族地区学校就读学生、戏曲表演专业学生免除学费（其他艺术类相关表演专业学生除外）。

·地方政府资助　在落实国家奖学金、国家助学金和免学费政策的基础上，部分地区出台了地方性奖学金、助学金、免学费等政策。

·学校资助　中等职业学校从事业收入中提取一定比例的经费，用于学费减免、校内奖助学金、特殊困难补助和勤工助学等。

·社会资助　社会团体、企事业单位及个人面向中等职业学校学生设立奖学金、助学金等。

（二）普通高等教育学生资助政策

·本专科生国家奖学金　奖励纳入全国招生计划内的特别优秀的全日制本专科（含高职、第二学士学位）在校生，每年奖励6万名，每生每年8000元，颁发国家统一印制的荣誉证书。

·本专科生国家励志奖学金　奖励纳入全国招生计划内的品学兼优的家庭经济困难全日制本专科（含高职、第二学士学位）在校生，每生每年5000元。

·本专科生国家助学金　资助纳入全国招生计划内的家庭经济困难全日制本专科生（含预科、高职、第二学士学位学生，不含退役士兵学生），平均资助标准为每生每年3300元，具体标准由高校在每生每年2000～4500元范围内自主确定，可以分为2～3档。全日制在校退役士兵学生全部享受本专科生国家助学金，资助标准为每生每年3300元。

·国家助学贷款　国家助学贷款是由政府主导，金融机构向高校家庭经济困难学生提供的信用贷款，优先用于支付在校期间学费和住宿费，超出部分可用于弥补日常生活费，每生每年最高不超过12000元，在校期间利息由国家承担。助学贷款期限为学制加15年，最长不超过22年。助学贷款利率按照同期同档次贷款市场报价利率（LPR）减30个基点执行。国家助学贷款分为生源地信用助学贷款和校园地国家助学贷款，有贷款需求的学生可向户籍所在县（市、区、旗）的学生资助管理部门咨询办理生源地信用助学贷款，或向就读高校学生资助管理部门咨询办理校园地国家助学贷款。借款学生同一学年内不能同时申请生源地信用助学贷款和校园地国家助学贷款。

• 服兵役高等学校学生国家教育资助　对应征入伍服义务兵役、招收为军士、退役后自愿复学或入学的高等学校学生实行学费补偿、国家助学贷款代偿、学费减免。学费补偿或国家助学贷款代偿金额，按学生实际缴纳的学费或用于学费的国家助学贷款（包括本金及其全部偿还之前产生的利息）两者金额较高者执行；复学或新生入学后学费减免金额，按高等学校实际收取学费金额执行。学费补偿、国家助学贷款代偿以及学费减免的标准，本专科生每生每年最高不超过12000元，超出标准部分不予补偿、代偿或减免。

• 基层就业学费补偿贷款代偿　中央高校应届毕业生，自愿到中西部地区、艰苦边远地区和老工业基地县以下（不含县级）基层单位就业、服务期在3年以上（含3年）的，补偿学费或代偿用于学费的国家助学贷款，每生每年不超过12000元。地方高校毕业生学费补偿贷款代偿由各地参照中央政策制定执行。

• 中央专项彩票公益金教育助学项目滋蕙计划（新生入学资助项目）　中西部生源的家庭经济特别困难的新生可申请入学资助项目，解决入学报到的交通费和入学后短期生活费。学生可向当地县级教育部门咨询办理。

其中，中西部地区包括：河北省、山西省、内蒙古自治区、吉林省、黑龙江省、安徽省、江西省、河南省、湖北省、湖南省、广西壮族自治区、海南省、重庆市、四川省、贵州省、云南省、西藏自治区、陕西省、甘肃省、宁夏回族自治区、青海省、新疆维吾尔自治区、新疆生产建设兵团。

• 勤工助学　高校学生在学有余力的前提下，可以利用课余时间参加高校组织的勤工助学活动，通过劳动取得合法报酬，改善学习和生活条件等。

• 绿色通道　家庭经济特别困难的新生如暂时筹集不齐学费和住宿费，可在开学报到时，通过高校开设的"绿色通道"先办理入学手续。入学后，高校学生资助部门根据学生具体情况开展困难认定，采取不同措施给予资助。

- 校内资助　学校利用事业收入提取资金以及社会捐助资金，设立奖学金、助学金、困难补助、伙食补贴、校内无息借款、学费减免等校内资助项目。

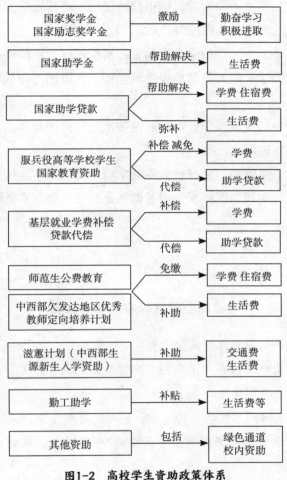

图1-2　高校学生资助政策体系

（引自全国学生资助管理中心网站）

（三）知晓国家助学金申请流程

- 个人申请　符合家庭经济困难条件的学生可先进行个人申请，填写申请表，并提供相关部门出具的有效证明材料。
- 班级民主评议　由班主任担任组长，班干部代表和学生代表为小组成员，成立班级评议小组。其中，学生代表一般不少于班级人数的10%。班级评议小组评议确定资助学生名单。

·学校学生资助管理机构审核　学校成立学生资助管理机构，对各班级评议小组申报的初步评议结果进行认真审核。

·公示　学校学生资助管理机构审核通过后，将拟定的家庭经济困难学生享受国家助学金的人员名单在校内公示5个工作日。

·学校审批并上报　学校学生资助管理机构根据公示结果，将家庭经济困难学生享受国家助学金的人员名单提供给学校学生资助工作领导组集体研究、审批、上报。

·上级主管部门复核　学校审批通过的家庭经济困难学生名单，需要上报给上级有关部门复核审批。

·发放　上级主管部门复核确认后的家庭经济困难学生按照国家政策规定享受国家助学金，学校为能够享受国家助学金的学生办理资助银行卡，发放资助金。

 信息链接

中等职业教育国家奖学金政策

1. 什么是中等职业教育国家奖学金？

答：中等职业教育国家奖学金由中央财政出资设立，用于奖励中等职业学校全日制在校生中特别优秀的学生。

2. 中等职业教育国家奖学金的人数和奖励标准是多少？

答：中等职业教育国家奖学金每年奖励2万名学生，奖励标准为每生每年6000元。

3. 申请中等职业教育国家奖学金的学生需要具备哪些基本条件？

答：（1）具有中华人民共和国国籍；

（2）热爱社会主义祖国，拥护中国共产党的领导；

（3）遵守宪法和法律，遵守《中等职业学校学生公约》，遵守学校规章制度；

（4）诚实守信，道德品质优良；

（5）在校期间学习成绩、道德风尚、专业技能、社会实践、创新能力、综合素质等方面表现特别优秀。

4. 哪些学生可以申请中等职业教育国家奖学金？

答：中等职业学校全日制二年级及以上学生中，学习成绩排名位于年级同一专业前5%（含5%）的学生和学习成绩排名位于年级同一专业前30%（含30%）但未到5%且在道德风尚、专业技能、社会实践、创新能力、综合素质等方面表现特别突出的学生，可以申请中等职业教育国家奖学金。

5. 中等职业教育国家奖学金是如何评审和发放的？

答：中等职业教育国家奖学金每学年评审一次，实行等额评审。中等职业学校根据教育部、人力资源社会保障部、财政部印发的《中等职业教育国家奖学金评审暂行办法》的规定和本校制定的评审细则，具体负责组织中等职业教育国家奖学金的申请受理、评审等工作，并于每年10月31日前完成评审。报经教育部批准后，学校于每年12月31日前将国家奖学金一次性发放给获奖学生，颁发国家统一印制的荣誉证书，并将获得中等职业教育国家奖学金的情况记入学生学籍档案。

话题五 参加社团历练

职业学校有各种各样的社团，通过社团活动，把有共同爱好和兴趣的学生组织在一起交流，围绕共同感兴趣的内容进行探讨、研究。积极参加各种各样的社团活动可丰富同学们的课余生活，锻炼他们的组织能力、沟通能力、适应能力等，有利于同学们发现自身优势和特长，找到自信。参加社团也是学生踏入社会前的必要准备。

方法常识

（一）选择社团

几乎每所学校都有学生社团，学生选择社团的理由有很多，例如：很好玩，很有趣；我是学汽修的，但又喜欢写文章，所以参加文学社；我是电子信息专业的，参加电子协会，对提高专业知识水平有帮助；为了减肥健身，我想学跆拳道；打球可以长高；街舞很时髦；参加演讲协会，可练练口才，提高交际能力等。那么参加社团应该注意哪些问题呢？

· 协调好学习与社团活动间的关系　无论在何种情况下，我们都要清楚，学习才是我们的首要任务，绝不能因为参加社团活动而耽误学习。

· 明确社团的性质和要求　只有将自己的特长、兴趣与社团活动相结合，才能充分施展才华，达到提高能力的目的。

· 衡量自己的能力　参加社团要务实，不能盲目跟风，否则，参加社团后力不从心、进退两难、身心疲惫，这样就得不偿失了。

· 端正自己的态度　不能认为社团就是组织大家在一起玩，社团开展活动时，想去就去，不想去就不去。社团成员要有主人翁意识，遵守社团的章程，为社团发展承担一份责任，履行一定义务。

（二）加入学生会

学生会是在学校领导，学生处（德育处）、团委指导下的自我管理、自我教育、自我服务的群众性组织，是学校学生管理工作中的重要力量，在学校各方面工作中发挥了重要的作用，对良好校风、学风的形成产生了重要影响。

学生会就像一个小社会，主角是大大小小的学生干部，在这里可以锻炼同学们的领导能力、组织能力、交际能力、处事能力、管理能力等，是同学们进入社会之前供他们进行演习的一个平台。同学们可以综合考虑自己的志向、特长、兴趣、能力等，决定是否申请加入学生会工作。

· 入会思想准备

1. 服务意识　学生会工作就是为学校和同学们服务。要做好服务，就得投入一定的精力，学生会干部要有"乐于奉献，甘为人梯"的精神。

2. 正确定位　学生会成员，不仅是一个参与者，而且是一个管理者。因此，在参加学生会工作时，要明白自己适合做什么、有什么特长、有什么能力，并选择合适的岗位和角色。例如：如果担任学生会主席，那么具有掌控、调度全局的能力就显得重要。

3. 量力而为　做学生会工作，要衡量自己是否学有余力。对于学生来说，学习仍是他们的中心。若本身学习就很吃力，则不适宜参加学生会工作。学习好是评价一个学生的重要标准之一，学生会干部自身学习成绩不好，就难以服众，难以得到同学的支持，也就很难做好工作。

4. 应对困难　学生会工作繁杂，面对众多的同学"众口难调"，我们可能会受到指责、批评，甚至讽刺、挖苦，有时自己的主张和想法得不到学校或老师的支持，容易灰心丧气。处理好这些问题，需要勇气、智慧、耐心和奉献精神。

• 怎样加入学生会

1. 做好准备　通常在学校军训及入学教育结束后，学校学生会就会在公告栏上面张贴公告，进行招新宣传，有意向的同学可以按公告的时间、地点去报名登记。

2. 积极报名　报名前，可以咨询自己认识的学长、学姐，了解报名流程等。

3. 认真面试　报名之后，就等待面试，面试主要以自我介绍为主，一般在教室进行。

4. 积极主动　通过面试之后，就需要经常到学生会的办公室，看看有什么需要帮忙的，表现积极一些。要让负责指导学生会的老师认可你。

（三）参加党团活动

《中等职业学校德育大纲》（2014年修订）指出："学校要加强党组织、共青团工作，举办业余党校、团校，组织学生特别是入党、入团积极分子学习党的基本理论和基本知识以及团的基本知识，发展符合条件的优秀学生入党、入团。"因此，入党积极分子培养也成为职业学校教育的重点内容之一。

• 参加党、团课学习　学生应积极参加学校组织的团课、党课或短训班的学习，系统地了解成为团员、党员的条件，提高政治修养，争取早日入团、入党。

• 参加党、团员教育活动　可申请参加党、团组织的活动，如：参观红色革命遗址，以及学习优秀党员先进事迹等。

·参加社会活动　有意识地参加党、团组织的社会工作，在实际工作中锻炼自己的社会活动能力，提高政治觉悟，接受组织考验。

（四）坚决反对和抵制邪教

邪教是影响人类文明进步的毒瘤，它残害生命，践踏人权，危害社会，已成为一种国际公害。据有关资料不完全统计，全世界邪教组织有近万个。他们编造歪理邪说，制造恐怖气氛；神化活的教主，实施精神控制；玩弄各种骗术，大肆聚资敛财；目无道德法律，破坏社会安定；泯灭亲情人性，残害他人生命。他们活动猖獗，制造了一系列震惊世界的事件，对社会构成了严重危害。

·提高警惕　认清邪教组织本质。严格遵守国家法律、法规和社会公德、职业道德、家庭美德，讲科学，讲文明，树新风，积极参加健康文明的文体活动，自觉抵制邪教的侵蚀。当收到宣传邪教的手机短信、电子邮件时，要立即删除；当接到宣传邪教的骚扰电话时，要直接挂断。

·态度坚决　对邪教组织的反动宣传要做到不听、不看、不信、不传。如有人向你宣传"法轮功"等内容，或向你传递邪教组织的宣传品（光盘、书籍、印刷品等），要在第一时间报警，协助公安机关制止其行为。当发现有喷涂邪教内容标语、悬挂邪教内容的横幅时，也要及时向公安机关报告。

·敢于斗争　当发现家人、亲戚、朋友参与邪教活动时，要坚决反对，耐心说服教育和正确引导。积极配合公安机关和有关部门，打击邪教组织的违法犯罪活动，如发现邪教分子在非法串联、秘密聚会、聚众闹事，印刷、偷运、散发、邮寄反动宣传品，书写、喷涂、悬挂、张贴邪教内容的反动标语等，要立即报告当地政府有关部门或拨打110报警。

 信息链接

邪教与宗教的区别

邪教不是宗教。在宗教中，神、人是有区别的，再有权威、德高望重的神职人员（僧侣、主教、牧师、道士等）也不得自称为神，而邪教主却都自称为神。

宗教的传教活动是公开的、人所常见的，而邪教总是秘密结社，活动诡秘不可告人。

宗教并不反社会、反人类，而邪教反社会、反人类的性质十分明显。

宗教不允许神职人员个人骗财敛财，邪教组织往往大肆聚敛钱财据为己有。

宗教有自己的典籍，有自己的教义，而邪教所谓的"教义"往往是危言耸听或信口开河，是痴迷妄言的杂糅。

拓展训练

说说你的学校

◎ **拓展目标**

1. 让学生进一步了解自己学校的情况。
2. 培养学生与他人合作交流的能力。

◎ **拓展方法**

学生通过观察、上网、到学校图书馆查找资料后，与同学进行讨论、交流。

◎ **拓展过程**

将班级学生分成若干小组，教师布置任务：

1. 你能够准确说出学校的地理位置吗？
2. 你知道学校创办的时间和发展历程吗？
3. 你知道学校获得过哪些荣誉吗？
4. 学校有几种学制？将来能取得哪些技能等级证书？
5. 目前学校有多少系部或专业？
6. 你对学校的校舍布局、建筑风格、校园环境有什么印象？
7. 学校的校训、校风、教风、学风是什么？
8. 你了解学校的办学特色吗？

实践活动

如何策划与组织学生社团活动

◎ **活动概述与目的**

组织学生参与社团活动的策划与组织，使学生可以根据自己的兴趣爱好，自主有选择地参加各类文体活动，发展自身的特长和兴趣，增强自信心和表现力，培养实践能力、创新能力、审美能力。

◎ **活动形式与要求**

形式：一般分为学术交流和文体娱乐、公益活动和非公益活动、小型社团活动和大型社团活动。

要求：社团应以服从学校统一管理，保证学生安全为前提，开展积极向上、形式多样、学生参与度高的健康活动。

◎ **活动准备与实施**

1. 讨论策划：由社团负责人组织社团成员开展讨论，确定社团活动主题和活动形式，最终完成活动策划书。

2. 活动报审：社团制定的策划书或方案须经过学校学生处、团委等学生社团管理部门审核后方可实施。

3. 宣传阶段：采用横幅、广播、宣传彩页、喷绘、海报、短视频、直播预告、公众号等多种途径的宣传手段，让更多的学生参与到社团活动中来，扩大社团的影响力。

4. 场地、经费申请：在活动开展前，可向学生社团管理部门申请场地、经费，也可以用拉取赞助的方式筹集经费。

5. 活动开展：在活动开展中，做好保障措施，提前做好应急预案，确保活动能够成功。

6. 活动总结：活动结束后，要及时召开总结会议，总结经验和不足，同时收集整理社团活动的资料报社团联合会存档。

◎ **活动评价**

社团活动的策划与组织不仅可以锻炼学生策划、宣传、组织和管理等多方面的能力，还可以满足学生运动技能、艺术素质、心理素质和社会适应能力的发展需要，促进学生全面发展，塑造学生健全的人格。

第二讲 养成与改变

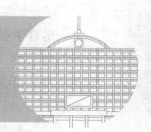

学习目标

通过爱国主义教育，培育和践行社会主义核心价值观，培养正确的世界观、人生观、价值观。

大力弘扬工匠精神、劳模精神、劳动精神，增强自身对职业发展的信心，提升自身的职业素养。

通过国防教育、法制教育、劳动教育、挫折教育等，培养良好的日常行为习惯。

改变人生，从叠被子开始。每年新生开学军训季，关于"叠被子"的特训，在校园里展开。毫厘之间，施为教化。从"叠被子"开始的劳动教育"实践"，逐渐撬动了校园里"五个一"的行为模式。行为德育，蔚然成风。

导读感悟

管理育人是落实立德树人根本任务的重要环节，是建立优良校风、学风的重要前提，也是需要多部门齐抓共管、多环节相互配合的系统工程。良好的管理育人实践，能够体现关怀温度、德育深度和育人高度，在潜移默化中促进学生提升思想道德品质、养成良好的行为习惯。

"一比赛"——"叠被子"比赛

从寝室、班级到个人，展开了"叠被子"比赛，学生在比赛中练就技能、展示风采、培养自信心。

"一标准"——"7S"标准

结合半军事化管理理念，引入规范、整顿、清扫、清洁、素养、安全、节约的"7S"管理标准。以寝室管理为切入点，"7S"管理标准为学生日常行为规范、内务整理规范确立了"准绳"，引导学生有重点地训练、有条理地生活。

"一课程"——双值周劳动课程

每学期一周的学校劳动实践和服务管理活动，学校全员参与，劳动进教学、进课表；"大值周""小值周"轮番转换，学生在劳动服务和管理中"知行合一"。

"一文化"——以文化人

学校充分利用"走廊文化""橱窗文化""学生作品展示墙"等引导学生参与校园文化建设，营造"劳动光荣、技能宝贵、创造伟大"的文化氛围。

"一评价"——"荣誉激励制"

"发现每个学生的闪光点"——这是"荣誉激励制"的核心。"校园之星""优秀学生干部""寝室长"的评选，使学生能够在践行中获得尊重与自信，形成自我认同，达到自尊、自律、自信、自强的目标。

典型案例

陈祥榕，2001年12月生，中共党员，福建省屏南县人，生前系陆军某边防团战士，牺牲时不到19周岁，被南疆军区政治部评为烈士，中央军委追授一等功。"清澈的爱，只为中国"。这是陈祥榕18岁入伍时写下的战斗口号，也是他一生的真实写照。

2019年，陈祥榕报名参军。"要去就去最艰苦的地方，到前线去"。当得知在新疆的部队能够上前线，他便决定去新疆做一名保卫祖国疆土的卫士。入伍后不久，陈祥榕便写下值得我们铭记的一句话——"清澈的爱，只为中国"。当时他的班长问他，你一个"00后"的新兵，为什么口气这么大。陈祥榕坚定地回答说："班长，这跟年龄没关系，我就是这么想的，也会这么做的。"

当兵入伍之后，面对残酷的边防战斗，身为新兵的陈祥榕毫不畏惧。

2020年4月以来，有关外军严重违反两国协定协议，蓄意挑起事端。2020年5月初，外军越线寻衅滋事，一名老兵和陈祥榕等紧急前出处置。老兵问年

《清澈的爱 只为中国》

轻的战友："要上一线了，你怕不怕？"陈祥榕回答："使命所系、义不容辞！"他们赶到前沿后与对手殊死搏斗，坚决逼退越线人员。陈祥榕在日记中自豪地写道："面对人数远远多于我方的外军，我们不仅没有退缩，还顶着外军的石头攻击，将他们赶了出去。"2020年6月，外军再次公然违背与我方达成的协定，越线挑衅，并暴力攻击前去谈判的团长和我方几名官兵，蓄意制造了加勒万河谷冲突。宁洒热血，不失寸土。在忍无可忍的情况下，边防战士对暴力行径予以坚决回击，陈祥榕作为盾牌手战斗在最前面，毫不畏惧、英勇战斗，直至壮烈牺牲。

雪山回荡英雄气，风雪边关写忠诚。什么是"清澈的爱"？在和平年代，谁为我们负重前行？在新时代的好战士陈祥榕身上，我们找到了最真实、最确切的答案！

话题一

增强国防意识

方法常识

（一）国防的概念及意义

· **国防** 就是国家的防务，是国家为防备和抵抗外来侵略，制止武装颠覆，捍卫国家主权、领土完整，维护国家安全、统一和发展而进行的军事及与

军事有关的政治、经济、外交、科技、教育等方面的活动。简单理解就是保卫国家、人民的安全不受侵犯。

· **现代国防**　以军事力量为核心，还包括有关的非军事力量；它重视国家的战争潜力，特别是战时的动员效率；它还是以经济和科技为主的综合国力的竞争。和平时期国防的作用是威慑，要求不战而胜；战时国防的责任是实战，目标是胜利。

国防伴随国家的建立而产生，服务于国家利益。国防直接关系国家的安全、民族的尊严、社会的发展。

（二）国防教育

· **国防教育**　是对全体公民进行一定的战争观、国家安全观、利益观以及国防知识的宣传教育。

· **国防教育的主要内容**　包括：国防理论、国防历史和地理、爱国主义思想、革命英雄主义精神、国防法制、国防常识、国防科技知识、国防体育等。

开展国防教育，使公民增强国防观念，掌握基本的国防知识，学习必要的军事技能，激发公民的爱国热情，使公民自觉履行国防义务。国防观念教育，使当代青年学生认识军队的作用，热爱中国人民解放军，并确立正确的国防形势观、国防义务观、国防光荣观和国防法纪观；国防精神教育，使当代青年学生树立爱国精神、奉献精神、革命英雄主义和牺牲精神；国防知识教育，使当代青年学生了解现代军事知识、现代武器知识和现代防护知识。

（三）增强国防意识，树立国防观念

强化全民国防意识，教育青年学生树立有备无患、居安思危的观念，无论是对国防安全、经济建设，还是对社会稳定等都具有直接的现实意义。

国防意识是当代青年学生必须具备的基本素质。青年学生只有在头脑中绷紧"国防弦"，从思想上筑起抵御侵略、保卫祖国的屏障，激发蕴藏在内心深处的民族自尊心、自信心和爱国情感，将来才能自觉投入建设国防和保卫国防的斗争中去，成为筑牢中华民族钢铁长城的生力军。梁启超曾说："故今日之责任，不在他人，而全在我少年。"新时代青年学生必须具备国防意识。

（四）国防教育的主要实践

国防教育的目的是增强全民的国防意识、培养全民的国防精神，弘扬爱国主义精神，增强公民的国防观念，使公民掌握必要的国防知识和军事技能。军

训是职校生国防教育的主要实践,主要包括相应的军事技能训练和国防理论课教育两部分。

· 军训　是新学期的第一课。军训,教我们怎样做人,怎样吃苦耐劳,怎样迎接挑战,怎样把握自由与纪律的尺度。军训的目的是:增强学生的国防意识与集体主义观念,使其深刻领悟"立德、力学、力行、立新"的真正含义;培养学生团结互助的精神,增强学生的集体凝聚力与战斗力。军训,还能培养学生思想的独立性,帮助学生养成严格自律的良好习惯。军训对培养学生的意志品质有着特殊的作用,它是其他教育形式所不能代替的。

· 主动学习国防教育知识　积极参加学校开设的国防历史、解放军军史、国防武装力量、军事知识和常规武器知识等专题讲座。参加班级组织的学习《关于加强新形势下国防教育工作的意见》《学生军事训练工作规定》等主题班会活动。

· 结合课程学习国防知识　如通过历史课,学习我国革命烈士与英雄模范人物的事迹;通过物理课,学习核战知识;通过信息技术课,学习、拓展现代信息技术电子战、信息战知识;通过时政课,掌握时政热点。

· 积极参加国防教育活动　积极参加学校组织的国防教育知识竞赛、读书活动、文艺演出、专题演讲、板报和墙报等活动。读红色经典图书,学唱军旅歌曲或爱国主义歌曲,观看军事题材的电影或电视剧。

· 庄严面对升降国旗活动　旗手和护旗员要经过训练并按规定统一着装、统一步伐,参加升旗仪式的师生列队肃立,面向国旗行注目礼,整个过程要保持安静,奏唱国歌。升降旗时,经过现场的师生员工都应面对国旗,自觉肃立,待国旗升降完毕,方可自由行动。

· 瞻仰先烈遗迹　积极参加学校组织的祭扫革命烈士陵墓活动,自觉参观革命纪念馆、革命老区、革命遗址、烈士陵园、国防园和其他具有国防教育功能的博物馆、纪念馆等场所,激发爱国情怀,增强国防意识。

 信息链接

国防与国防建设

国防,即国家的防务,是指国家为防备和抵抗外来侵略,制止武装颠覆,捍卫国家主权、领土完整，维护国家安全、统一和发展而进行的军事及与军事有关的政治、经济、外交、科技、教育等方面的活动。国防是国家生存与发展的安全保障。

国防建设是指国家为提高国防能力而进行的各方面建设，主要包括：武装力量的建设；边防、海防、空防、人防及战场建设；国防科技与国防工业建设；国防法规与动员体制建设；国防教育以及与国防相关的交通运输、邮电、能源、水利、气象、航天等方面的建设等。中华人民共和国成立后，经过七十余年的艰苦努力，国防建设取得了举世瞩目的成就。

话题二 培育价值观念

培育和践行社会主义核心价值观是推进中国特色社会主义伟大事业、实现中华民族伟大复兴中国梦的战略任务。习近平总书记强调，要把培育和弘扬社会主义核心价值观作为凝魂聚气、强基固本的基础工程；培育和践行社会主义核心价值观，要从娃娃抓起、从学校抓起；希望广大青年自觉树立和践行社会主义核心价值观，带头倡导良好社会风气。党的二十大报告也指出，要用社会主义核心价值观铸魂育人，完善思想政治工作体系，推进大中小学思想政治教育一体化建设。深入开展社会主义核心价值观宣传教育，深化爱国主义、集体主义、社会主义教育，着力培养担当民族复兴大任的时代新人。

我们说话、做事经常会考虑："有没有用？""有没有利？""值不值得？""用""利""值得"是一种价值判断。我们赞美杰出人物的高贵品质时，常说"比金子还珍贵"，我们指责某些人的不道德行为时，常说真"不值钱"。"金子""钱"是一种价值判断。毛泽东同志赞扬张思德"是为人民利益而死，他的死比泰山还重"。这也是价值判断。

方法常识

（一）树立正确的价值观

从面对新型冠状病毒感染疫情写下请战书的年轻医护人员，到用生命守卫边疆领土的青年战士，再到奔赴祖国最需要地方的大学生志愿者，新时代的青年在用实际行动践行着"请党放心、强国有我"的青春誓言。在青年眼中，什么样的人是闪闪发光的？相关调查显示：超过一半的受访青年认为是人格独立、坚定自信的人，超过一半的受访青年觉得是迎难而上、冲锋在前的人。

这一结果无疑反映了青年的价值取向。不难看出，这些价值取向总体上呈现出与时代同频共振、向上向善的特征，同时又看得见、摸得着。这既印证了新时代青年追求进步的特质，也从侧面反映了他们积极向上的世界观、价值观和人生观，更是对"躺平""佛系青年"等言论的无声回击。

价值观是一种内心尺度，它影响着人的立场、观点、态度、行为等。不同的价值观，表现为不同的行为和品质；价值观一旦形成，便具有相对稳定性；但价值观又是可以改变的，由于环境的改变、经验的积累、知识的增长，人们的价值观有可能发生变化。因此，要引导学生在行动中践行正确价值观。

价值观的问题，是德育工作的首要问题，大到对共产主义的信仰、对实现中国梦的自信，小到对个人、对他人的处事态度，都是学校教育和家庭教育的首要任务。青少年时期，是人生观、价值观形成的重要阶段。社会主义核心价值观进教材、进课堂、进头脑是非常必要的，这是各科教学的首要任务。一个人有了正确的价值观，就会千方百计地刻苦学习，努力奋斗，为实现自己的价值而努力。如周恩来总理当年"为中华之崛起而读书"；钱学森放弃在美国的优厚待遇，历尽千辛万苦回到祖国。所以价值观问题是一个人为人、做事的根本，价值观教育应该摆在学校教育和家庭教育的首位。

（二）培养正确价值观的方法

加强理论指导，向学生灌输正确的人生观、世界观、价值观，使学生形成良好的道德品质和心理素质。发挥政治课在人生价值观教育中的主渠道作用，政治课教师要有效联系学生实际，进行人生观基本理论教育，使学生明白人生观是关于人生目的、态度、价值和理想的根本观点。

联系实际,引导学生树立正确的人生观、世界观、价值观。只有坚持联系实际,才能收到良好的效果。除了联系英雄模范人物的事迹进行教育,还要注意通过联系现实生活中存在的问题,引导学生形成正确的人生观。

充分发挥父母的引导与管理作用,帮助学生树立正确的人生观、世界观、价值观。家长是孩子的第一任老师,应该让孩子成为正直、善良、真诚、勤奋的人。学会善待他人,其实就是善待自己。

从价值观的角度看,价值取向极为重要,稳定的价值取向会逐渐形成为价值追求,凝结为一定的价值目标。这种一定的价值目标,就会成为青年奋斗的精神动力。如果把人生比作一趟列车,那么价值目标就是列车的车头。加强对青年价值观的教育引导,必须始终把价值目标放在第一位。

《弘扬五四精神 传承青春之志》

信息链接

(一)八个学习好习惯

1. 课前预习;2. 专心听讲;3. 积极发言;4. 及时改错;5. 勤于动笔;6. 注重实践;7. 认真总结;8. 复习巩固。

(二)八个做人好习惯

1. 积极向上;2. 孝敬老人;3. 勤俭节约;4. 持之以恒;5. 诚实守信;6. 善待他人;7. 团结友爱;8. 互帮互助。

(三)八个礼貌好习惯

1. 遇见老师要打招呼;2. 使用礼貌用语;3. 坐有坐相,站有站相;4. 不乱翻别人东西;5. 不随便打断别人说话;6. 公共场所要安静;7. 告别陋习,健康文明;8. 讲究社会公德,爱护公共环境。

(四)八个卫生好习惯

1. 不喝生水;2. 不吃不干净的食物;3. 常换衣服;4. 常洗澡;5. 不随地吐

痰；6.不乱扔垃圾；7.不乱写乱画；8.勤剪指甲、勤洗头发、勤理发。

（五）八个爱护公物的好习惯

1.不乱涂墙壁；2.不爬、不踩桌椅；3.不摘花；4.不踩草；5.出宿舍关水关电；6.出教室关门关窗；7.公物要轻拿轻放；8.要保持公物的整洁。

（六）八个安全好习惯

1.遵守交通规则；2.遵守公共秩序；3.公路上不急追猛跑；4.骑车、走路右行礼让；5.不做危险动作；6.离家向家长打招呼，离校向老师请假；7.不坐"三无"车辆；8.上下楼梯不拥挤。

话题三 了解工匠精神

在2022年世界技能大赛特别赛法国赛区的比赛中，来自浙江建设技师学院2016级建筑装饰技师班的学生马宏达勇夺"抹灰与隔墙系统"项目桂冠，实现了中国在该项目上金牌"零"的突破。

马宏达出生于2000年，2016年初中毕业后进入浙江建设技师学院学习，就读于6年制的建筑装饰专业。马宏达完成了从"学一门手艺"到"以技能报国"的转变。5年高强度训练在马宏达身上留下的伤病与疼痛，在他登上领奖台那一刻仿佛全部消失殆尽，只留下承载高超技艺的一身"肌肉记忆"。

《马宏达：匠心，成金》

方法常识

2021年9月,党中央批准了中央宣传部梳理的第一批纳入中国共产党人精神谱系的伟大精神,工匠精神被纳入。

时代发展,需要大国工匠;迈向新征程,需要弘扬工匠精神。

古往今来,工匠精神一直都在改变着世界;热衷于技术与发明创造的工匠精神,是每个国家、企业活力的源泉。据相关报道,截至2012年,在中国,创业历史超过150年的企业仅有六必居、张小泉、同仁堂、陈李济等9家。而寿命超过200年的企业,日本有3146家,为全球最多,德国有837家,荷兰有222家,法国有196家。为什么这些"长寿"的企业扎堆出现在这些国家,是一种偶然吗?它们"长寿"的秘诀是什么呢?研究者发现它们都在传承一种精神——工匠精神。

所谓工匠精神,是一种对工作执着,对所做事情和生产的产品精益求精、精雕细琢的精神。工匠精神体现了一种踏实专注的气质,认真敬业、一丝不苟的态度。

事实上,工匠精神并非舶来品。纵观中华文明五千年历史,我们从不缺乏能工巧匠,更不缺工匠精神。从两千多年前的鲁班,到隋代的李春,他们都是大师级的工匠。万里长城、故宫建筑、赵州石拱桥、西安大雁塔……这些都是工匠的杰作。在我们中华民族的肌体里,早已蕴藏着工匠精神的基因。可以毫不夸张地说,工匠在推动人类文明方面作出了不可磨灭的贡献。历史也证实,高尚的工匠精神是任何时代都不可缺少的,同时工匠精神这股有生力量推动人类进步的愿望就不能很好地实现。

(一)专注是工匠精神的灵魂

工——功也,匠——艺也。谈及"工匠精神","专业化"是一个绕不开的话题,一般来说,"专业化"需要持久地专注,这是常识。专注才能严谨,专心才会精益,专业才能传承。所以,工匠精神,就是追求极致的精神——不仅专业,而且专注。

有一对兄弟从农村来城里打工,他们既没有学历又没有工作经验,几经周折才被一家礼品公司招聘为业务员。兄弟二人没有固定的客户,也没有任何关系,每天只能提着沉重的影集、钥匙链、镜框、手电筒以及各种工艺品的样品，沿着城市的大街小巷去寻找买主。半年过去了，他们跑断了腿，磨破了嘴，仍然到处碰壁，连一个钥匙链也没有推销出去。无数次的失望磨掉了弟弟最后的耐心，他向哥哥提出两个人一起辞职，重找出路。哥哥说，万事开头难，再坚持一阵，兴许下一次就有收获。弟弟不顾哥哥的挽留，毅然告别那家公司。第二天，兄弟俩一同出门。弟弟按照招聘广告的指引到处找工作，哥哥依然提着样品四处寻找客户。那天晚上，两个人回到出租屋时却是两种心境：弟弟求职无功而返，哥哥却拿回来推销生涯的第一张订单。一家哥哥曾四次登门拜访的公司要召开一个大型会议，向他订购250套精美的工艺品作为与会代表的纪念品，总价值20多万元。哥哥因此拿到2万元的提成，淘到了打工的第一桶金。从此，哥哥的业绩不断攀升，订单一个接一个。几年过去了，哥哥不仅拥有了汽车，还拥有100多平方米的住房和自己的礼品公司。而弟弟的工作却走马灯似的换着，连穿衣吃饭都要靠哥哥资助。

弟弟向哥哥请教成功的真谛。哥哥说："其实，我成功的全部秘诀就在于我比你多了一分坚持。"

这个故事告诉我们，获得成功的法则是很简单的，那就是专注于你的目标，只要你能坚持到底，你就会赢得最后的胜利。只要你选择了正确的目标，选对了适合自己的路，并不顾一切地走下去，就一定能成功。确立了目标并能坚持下去的人，才是最有力量的人。

（二）责任心是工匠精神的核心

责任心是事业成功的制胜法宝，是一个人事业成功的基石。一个具有强烈责任心的人必然热爱自己所从事的职业，并且能为了自己的奋斗目标而坚持不懈，直到最后获取成功。每个人都应该努力增强自己的责任心，让自己的事业取得成功。

王先生是一位忠于职守的老技术工人。后来工厂因为发展的需要，从国外引进了几辆工业用的大车，厂长便指派王先生负责技术维护。可是不到半年时间，这几辆车却出现故障，无论如何也发动不了，于是王先生就带领技术组到车上查找故障原因，同时迅速联系了该车的外国生产厂商。外国生产厂商的技术专家了解了有关情况，得出的结论是：故障是因为工厂工人操作不当引起的，他们不负责维修。王先生坚持认为，工人完全是按照说明书进行规范操作的，没有不当之处，他还向外国专家提出了自己的看法，但是几个外国生产厂

商的技术专家根本就不采纳王先生的意见。

工厂的领导左右为难：如果承认是工人操作不当引起的故障，那么厂商就不负责维修，几辆车的维修费用就要工厂自己承担，算下来怎么也得200多万元。可是因工厂的技术人员不精通这方面的技术，根本拿不出有力的证据予以否定。

领导万般无奈准备承担这笔巨大的损失，王先生却坚决反对。他继续带领几个技术工人，在车上一待就是几天，不知疲倦地用各种检测工具从头开始，一点一点地检测各种数据。第四天早上，王先生终于从一组数据中发现了问题所在，这组数据完全可以证明，这几辆车在生产设计时就存在严重的缺陷。

当王先生把这组数据放到外国专家面前时，原来还趾高气扬的外国专家顿时哑口无言。最后，他们只得承认是自己设计时的疏忽才导致几辆车的故障，因此决定由生产厂商承担全部维修费用。王先生的高度负责、恪尽职守使工厂避免了巨大的损失，领导提拔他为工厂的技术总监。

著名作家穆尼尔·纳素曾说："责任心就是关心别人，关心整个社会。有了责任心，生活就有了真正的含义和灵魂。这就是考验，是对文明的至诚。它表现在对整体、对个人的关怀。这就是爱，就是主动。"我们可以不伟大，我们也可以清贫，但我们不可以没有责任心。任何时候，我们都不能放弃肩上的责任，肩负它，就是肩负自己人生的信念。

工匠精神的内涵十分丰富。如今，我们正处于一个新的历史时期，时代呼唤我们继承和发扬工匠精神。当今中国的各行各业中，缺少的不是经营者，而是拥有工匠精神的人。重提工匠精神、重塑工匠精神，是生存、发展的必经之路。而让工匠精神回归，也契合了民众对美好生活的向往。

工匠精神不是口号，它存在于每一个人身上、心中。一个拥有工匠精神、推崇工匠精神的国家和民族，必然会少一些浮躁，多一些纯粹；少一些投机取巧，多一些脚踏实地；少一些糟粕伪劣，多一些优品精品。

 信息链接

听总书记讲工匠精神

技术工人队伍是支撑中国制造、中国创造的重要力量。我国工人阶级和广大劳动群众要大力弘扬劳模精神、劳动精神、工匠精神，适应当今世界科技革命和产业变革的需要，勤学苦练、深入钻研、勇于创新、敢为人先，不断提高技术技能水平，为推动高质量发展、实施制造强国战略、全面建设社会主义现代化国家贡献智慧和力量。

——2022年4月27日，习近平致首届大国工匠创新交流大会的贺信（节选）

劳动创造幸福，实干成就伟业。希望广大劳动群众大力弘扬劳模精神、劳动精神、工匠精神，勤于创造、勇于奋斗，更好发挥主力军作用，满怀信心投身全面建设社会主义现代化国家、实现中华民族伟大复兴中国梦的伟大事业。

——2021年4月30日，在"五一"国际劳动节到来之际习近平向全国广大劳动群众致以节日的祝贺和诚挚的慰问（节选）

各级党委和政府要高度重视技能人才工作，大力弘扬劳模精神、劳动精神、工匠精神，激励更多劳动者特别是青年一代走技能成才、技能报国之路，培养更多高技能人才和大国工匠，为全面建设社会主义现代化国家提供有力人才保障。

——2020年12月10日，习近平致首届全国职业技能大赛的贺信（节选）

在长期实践中，我们培育形成了爱岗敬业、争创一流、艰苦奋斗、勇于创新、淡泊名利、甘于奉献的劳模精神，崇尚劳动、热爱劳动、辛勤劳动、诚实劳动的劳动精神，执着专注、精益求精、一丝不苟、追求卓越的工匠精神。劳模精神、劳动精神、工匠精神是以爱国主义为核心的民族精神和以改革创新为核心的时代精神的生动体现，是鼓舞全党全国各族人民风雨无阻、勇敢前进的强大精神动力。

——2020年11月24日，习近平在全国劳动模范和先进工作者表彰大会上的讲话（节选）

话题四 体验劳动教育

袁隆平，江西九江人，享誉海内外的著名农业科学家，中国杂交水稻事业的开创者和领导者，"共和国勋章"获得者，中国工程院院士，被誉为"杂交水稻之父"。袁隆平致力于杂交水稻技术的研究、应用与推广，发明"三系法"籼型杂交水稻，成功研究出"两系法"杂交水稻，创建了超级杂交稻技术体系。

作为"杂交水稻之父"，袁隆平一直有两个梦，一个是禾下乘凉梦，一个是杂交水稻覆盖全球梦。为了圆自己的杂交水稻梦，袁隆平几十年如一日，废寝忘食，殚精竭虑，苦心孤诣，攻关不止。

《"杂交水稻之父"袁隆平 寻稻之路》

方法常识

中共中央、国务院印发的《关于全面加强新时代大中小学劳动教育的意见》指出：劳动教育是中国特色社会主义教育制度的重要内容，直接决定社会主义建设者和接班人的劳动精神面貌、劳动价值取向和劳动技能水平。劳动是人类永恒的主题，是人类社会存在和发展的基础。人类和劳动密不可分，人类离不开劳动，劳动是人的本质。

（一）劳动的定义

劳动是人类最基本、最重要的实践活动，是创造物质财富和精神财富的重要活动，是人类社会赖以生存的必要条件。人类社会的历史就是人类劳动的发展史和创造史，劳动是推动人类社会进步的动力来源。从原始社会的刀耕火种，到奴隶社会、封建社会畜力人耕的农业生产，从工业革命蒸汽机的发明到现代新能源、新材料、新工艺的使用，人类走过了一个漫长而伟大的劳动过程。正是在这个过程中，自然界、人类社会以及人类本身都发生了巨大变化，劳动创造了史无前例的物质文明和精神文明。在日常生活中，劳动无时不在，无处不在，它影响着我们的思想，改变着我们的生活。

那么究竟什么是劳动呢？从广义上讲，劳动是指人们在各种活动中劳动力的使用或消耗。从狭义上讲，劳动是指人类通过各种手段和方式创造社会财富以满足人类日益增长的物质、精神等方面需要的有目的的活动。如果再从劳动要素的角度来定义，劳动是人们使用劳动资料，改变劳动对象，使之适合自己需要的有目的的活动，是劳动力的表现和使用。简单地说，劳动就是人类为了获得自身生存所必需的物质资料，包括衣、食、住、行等生活资料和各种生产资料，而进行的活动过程。

（二）劳动塑造了优秀的民族文化

劳动精神孕育于中华民族创造历史的劳动实践之中，积淀于中华优秀传统文化、革命文化、先进文化之中，它反映了中华儿女崇尚劳动、尊重劳动的整体性格和深层心理，成为中华民族的独特精神标识、维系中华民族生存和发展的精神纽带。中华民族是勤于劳动、善于创造的民族。正是因为劳动创造，我们拥有了历史的辉煌；也正是因为劳动创造，我们拥有了今天的成就。历史要求新时代劳动精神必须承载伟大而艰巨的光荣使命，现实要求新时代劳动精神必须富有开创美好未来的创造活力。自古以来，精卫填海、愚公移山等蕴藏朴素劳动精神的神话传说，神农"教民农作"、舜耕历山、大禹治水等传颂劳动可贵的民间故事，刺股悬梁、积雪囊萤、燃糠自照等赞誉勤奋刻苦的成语典故……无不彰显着崇尚劳动、尊重劳动是中国劳动人民在缔造灿烂文明的漫长劳动实践中形成的精神品格和价值追求。工匠精神、航天精神、互联网精神、"一带一路"精神、改革开放精神等新时代劳动精神资源，生动地诠释了社会主义核心价值观，构筑了中国特色社会主义文化大厦，已然成为实现国家富强、民族振兴、人民幸福更基本、更深沉、更持久的精神力量。

（三）匠心铸文化，弘扬劳动精神

工匠精神引领文化建设，结合校园文化实际，开展劳动教育，弘扬劳动精神。

·**物质文化建设** 结合学校文化的内涵创建校园物质文化，在日常校园环境创设中，根据《5S 现场管理学生操作手册》相关要求，对教室环境进行考核，从细节入手，引导学生营造干净整洁的教室环境，体验劳动带来的美好感受。结合"五一"国际劳动节、"五四"青年节等重大节日，通过班级主题黑板报、宣传标语、橱窗海报、电子屏幕宣传视频等方式，营造劳动光荣的校园文化氛围，发挥环境的隐性教育作用，潜移默化地影响学生的劳动意识。

·**精神文化建设** 主要落实在思政课堂、青年党校、青年团校等优秀传统文化项目中。根据劳动教育的目标，整合思政课程教材，将热爱劳动、精益求精、勇于创新等品质与职业生涯规划和职业道德相融合，将理论学习与社会实践相结合，引导学生崇尚劳动；通过学校"四史"教育精品党课，宣传大国工匠爱岗敬业、一丝不苟、追求极致的劳动品质；通过宣讲团讲党课帮助学生学习党史、懂得国情，知道国家和个人的发展离不开劳动，激励学生传承模范人物的劳动精神；通过团校学习，开展"中国特色社会主义发展史"系列活动，让学生明白今天的美好生活离不开一代代中国人民的辛勤劳动，尊重劳动。

（四）匠心铸行动，培养劳动情感

"纸上得来终觉浅，绝知此事要躬行"。劳动教育不能仅停留在"知道"上，还应当积极"实践"。只有通过实践，学生的劳动意识才能够立体和清晰。学校通过校内和校外相结合的方式开展劳动实践活动，以匠心为基石，帮助学生在"知行统一"中养成热爱劳动、积极劳动、劳动光荣的情感。

·**校内劳动实践** 主要开展"劳动周""勤工俭学""学雷锋劳动实践"活动，帮助学生培养劳动精神和不怕苦、不怕累的品质。学校每学期设立"劳动周"，以班级为单位开展劳动实践，组织学生在学校的不同岗位上践行工作职责；针对部分家庭困难的学生，学校设立勤工俭学岗位，学生利用课余时间在学校图书馆、实训车间、食堂、寝室等场所协助老师工作,进行劳动实践;在 3 月"学雷锋"活动月中,校团委开展"美化校园环境,争做文明先锋"的志愿者劳动实践活动。志愿者们对教学楼楼道、墙壁、卫生间等进行打扫,清除杂物、擦拭玻璃、清理卫生死角。

·校外劳动实践 学校组织学生利用课余时间参与所在辖区的志愿者服务活动,维护学校周边卫生,清除垃圾和卫生死角;维持校门口交通秩序,规范交通行为;关注校园周边问题,清理宣传广告等。在"学雷锋"活动月,学生走进社区福利院,为老人们打扫卫生,搞好清洁工作,体现爱老敬老的良好风尚。学校构建中职学生参加志愿服务(公益劳动)的记录机制,学生根据相关要求开展劳动实践,实践情况纳入中等职业学校学生综合素质评价信息管理系统。通过这样的监督机制,规范学生的劳动实践,培养学生热爱劳动、积极劳动、劳动光荣的情感。

(五)匠心铸品质,提升劳动技能

学校开展劳动实践的最终目标是帮助学生适应将来的就业,创造未来的幸福生活。因此中职学校的劳动教育还需与专业技能培养相结合,体现时代特点。学校以匠心铸品质,在传统技能实践的基础上开拓创新技能实践,推进劳动技能的转型升级。

在传统技能实践方面,学校通过校企合作和技能大赛,为学生提供实践机会。学校依托校企合作的优势,给学生提供向企业员工学习的机会,同时学生经过不断的劳动实践,较好地提升专业技能;在毕业生实习工作中,学校为学生提供实习机会,并对学生的岗位实习情况跟进管理,保障学生的实习质量,有利于学生专业技能的提高。

每一位建设者都在用劳动创造着美好的生活。因此学校有必要开展劳动教育,帮助学生树立正确的劳动观,引导他们通过实际行动践行工匠精神,使学生在劳动中获得成就感、价值感和自豪感。劳动教育不是让学生简单地参加劳动,而是通过劳动,培养学生的劳动意识和工匠精神,从而让他们得到全面发展。伴随劳动教育课程的落实,会有越来越多的学生参与到劳动教育当中,体会劳动的快乐。

信息链接

习近平总书记在2018年全国教育大会上指出,"培养德智体美劳全面发展的社会主义建设者和接班人","要在学生中弘扬劳动精神,教育引导学生崇尚劳动、尊重劳动,懂得劳动最光荣、劳动最崇高、劳动最伟大、劳动最美丽的道理,长大后能够辛勤劳动、诚实劳动、创造性劳动"。这些重要论述,高扬劳动教育的旗帜,丰富发展了党的教育方针,具有重大的时代价值和鲜明的现实针对性,也对学校提出了加强劳动教育的新任务、新课题。

话题五 正确看待挫折

冬残奥会开幕式上,嘹亮的国歌声响起,五星红旗冉冉升起。舞台一侧的手语方阵中,舞蹈艺术家、中国残疾人艺术团团长邰丽华带着残疾人演员们,深情地用手语"唱"着国歌,带给人们心灵的震撼。残疾人演员们操着整齐划一的手势,有人眼含热泪,气势宏大地"演唱"着国歌。

邰丽华和她带领的中国残疾人艺术团,在2004年雅典残奥会闭幕式上表演的《千手观音》,用无与伦比的美丽,惊艳了全世界,"中国八分钟"载入史册;2008年,在北京残奥会期间,大型音乐舞蹈《我的梦》,用特殊的艺术之美感染了中外观众,至今为人称道;2018年,在平昌冬残奥会闭幕式上,表演的《2022我要飞》,集中展现了残疾人运动员以坚强的意志作为精神翅膀,并向全世界发出中国人民的诚挚邀请——2022年相约北京!

邰丽华既是"双奥之城"历史的见证者,也是残奥故事的讲述者和残奥精神的传递者。即使翅膀断了,心也要飞翔……她带领中国残疾人艺术团的演出生动诠释了残奥运动员的追梦故事,鼓舞着更多赛场上的追梦人奋力拼搏,不断用特殊的艺术魅力感染世界各地的观众。

方法常识

(一)挫折是最好的礼物——激发"抗逆力"

有这样一个寓言故事:两只饿了很久的青蛙一起外出觅食,一不小心就掉进了路边小孩扔的还装有半瓶牛奶的纸罐里,这只牛奶罐,足以让小青蛙们遭遇灭顶之灾。其中稍微大一点的青蛙在想:完了,完了,这下全完了,这么高的牛奶罐啊,我永远也爬不出去。于是,心里一凉,它很快就沉了下去。另一只小青蛙看见大青蛙沉没在牛奶中,并没有被吓倒,而是对自己说:"我有坚强的意志和发达的肌肉,我还没有在这灿烂的阳光下生活够呢,我一定会跳出去的!"它时时刻刻都鼓足勇气,一次又一次奋起跳跃——将生命的力量用在每一次的搏击和奋斗中。不知跳了多久,它发现脚下的牛奶变得坚硬起来。原来,经过它反复的践踏和腾跳,液状的牛奶已经变成奶酪,它成功地跳出了牛奶罐,而那只不敢奋争的青蛙却永远留在了奶酪里。

当我们遇到困难和挫折时,应勇于面对、树立信心、永不言败,只有这样才能看到希望。坚持,再坚持,直到走出困境,取得成功!面对人生中的逆境,我们既要有耐挫折的能力,也应该有排挫折的能力。

(二)对手强大,你才更强大——努力培养竞争意识

吴文彬是一名运动健将,在学校里是出了名的"万人迷"。他最擅长的体育运动就是踢足球,足球场上常常能看到他驰骋的身影。这个学期,市里举行

中学生足球联赛,他自然被选入校队参加比赛。很快,参加足球联赛的队伍确定好了。俗话说得好:"知己知彼,方能百战百胜。"吴文彬他们留意起这次参加球赛的学校与各队的队长。当吴文彬看到"张自强"这个名字的时候,忍不住吃了一惊:张自强?是自己认识的那个张自强吗?于是他匆忙找来那支队伍的详细资料,上面贴着队长的相片——就是吴文彬认识的那个张自强。看到这,吴文彬陷入了回忆。那是他还在读小学的时候,常和社区里的孩子一起到球场上踢球。在一次比赛中,他输给了以张自强为队长的另一支球队,当时他还差点骨折了。因此,那场球赛给他留下了阴影。可命运就是那么巧妙,他们又碰到了一起。吴文彬决定退出比赛。在他向队长提出退赛的时候,他看到了队友失望的眼神。3天后,高大帅气的张自强出现在了吴文彬面前,让他有着无形的压力。张自强开口说道:"吴文彬,我记得你,也记得小时候的那场球赛,因为我清楚地记得那个在球场上球技不错的男生。可是我想不到你这么懦弱,那一次失败都过了那么久,你居然还不敢和我比赛,你真让人瞧不起!"吴文彬一下被激怒了:"谁说我是懦弱?我一定会上场比赛的!我会努力去和你竞争,看谁厉害!"张自强听完吴文彬的话,哈哈大笑着走开了。足球联赛如期举行,最后吴文彬这一队绝地反击,战胜了张自强那一队。吴文彬很开心,因为他赢得胜利的同时还战胜了自己的心魔。他也很感激张自强,如果不是张自强的激将法,自己一定会错过这一次的联赛。而这次以后,他和张自强也成了好朋友,他们常常在一起切磋球艺,共同进步。

只有勇于去挑战,才会有机会获得成功。这是那些躲在角落里,畏缩的胆小鬼们所不能理解的快乐。

(三)在不如意中获益——懂得逆境是成功的基石

《孟子·告子下》中有这样一段话:"天将降大任于斯人也,必先苦其心志,劳其筋骨,饿其体肤,空乏其身,行拂乱其所为,所以动心忍性,曾益其所不能。"也就是说,不经历风浪,怎么能到达胜利的彼岸呢?

举世闻名的音乐家贝多芬17岁时患上了伤寒和天花病,26岁又失去了听力,这对于音乐家来说无疑是致命的打击!然而在这种情况下,贝多芬却发誓"要扼住生命的咽喉",与命运进行顽强的搏斗,创作出如《命运交响曲》等传世名作。厄运不但没有吓倒他,反而成就了他的音乐事业。

苏联作家高尔基从小失学,给人当童工维持生计,饱尝生活的辛酸。但他即使累得腰酸背痛也不肯放弃看书，还在雇主的皮鞭下偷学写作，终于成为著名的作家。

美国的大发明家爱迪生买不起书和做实验用的器材就到处收集，一次，他在火车上做实验，不小心引起爆炸，车长一记耳光打聋了他的一只耳朵。生活的困苦和身体的缺陷都没有让他灰心，他更加勤奋地学习，终于成了举世闻名的大发明家。

当我们面对逆境的时候，要学会自己去化解，而不要太过于依赖他人，要以坦然的心态去面对逆境。要明白，逆境是成功的基石。每个人都有权选择自己面对生活、面对逆境的态度。选择积极进取、力求突破，还是消极退让、颓废自怜的态度，就要看自己了。

 信息链接

《成长就在不经意之间》

拓展训练

说说你所在学校的入学教育

◎ **拓展目标**

1. 让学生进一步了解自己。
2. 培养学生与他人沟通交流的能力。

◎ **拓展方法**

学生通过观察、体验、课堂、到学校图书馆查找资料后，进行讨论、交流。

◎ **拓展过程**

将班级学生分成若干小组，教师布置任务：

1. 你能够准确说出班级同学的名字吗？
2. 你知道学校入学教育的安排吗？
3. 入学教育中，遇到过哪些困难，都是怎么克服的？
4. 有跟同学的价值观产生分歧吗？
5. 会不会抗拒劳动教育？

实践活动

"关爱孤寡老人 创建文明城市"志愿活动

◎ **活动概述与目的**

组织爱心小分队为学校所在社区的孤寡老人提供一些力所能及的服务。秉承"奉献、友爱、互助、进步"的志愿者精神，以提高学生综合素养为目的，倡导社会文明新风，培养当代学生乐于助人的品德和健全人格，为学生终身发展奠定基础。

◎ **活动形式与要求**

形式：通过上门走访、网上查阅，关注孤寡老人情况，为老人送去关怀。

要求：参与活动的学生政治立场坚定，热心公益事业，乐于奉献，具备较强的责任意识、纪律意识和人际沟通能力，服从组织安排，不得擅自离开岗位。

◎ **活动准备与实施**

活动前期准备：

联系社区工作人员；对参与志愿服务的同学进行培训，并说明注意事项。

活动安排：

采取就近原则，在所在辖区的社区开展服务，服从社区统一安排，配合做好入户排查、走访记录等相关工作。

◎ **活动评价**

一代人有一代人的担当，学生志愿者们坚定理想信念、勇于担当责任，积极响应号召，踊跃加入社区志愿服务行列，积极行动、冲锋在前，用行动诠释"奋斗是青春最亮丽的底色"。

第三讲 行为与规范

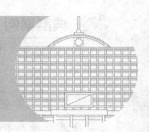

学习目标

熟悉相关法律法规、规章制度，了解学生行为规范，守住底线，做品行端正的"有德青年"。

了解人际交往的基本原则，掌握正确处理人际关系的基本策略和方法，站稳立场，做服务社会的"有为青年"。

掌握应知应会的职业技能，练就本领，做素质过硬的"有才青年"。

掌握基本的文明礼仪，培养诚信守法意识，做信仰坚定的"有志青年"。

有这样一则寓言：河水认为河岸限制了它的自由，一气之下冲出了河岸，涌上了原野，吞没了房舍和庄稼，给人们带来了灾难，它自己也由于蒸发和大地的吸收而干枯了。这则寓言说明：一定的规则是必要的。在现实生活中，人们必须遵守法律和纪律，人只有在遵纪守法的前提下，才能享受充分的自由。

导读感悟

行为规范是个人或社会群体在参与社会活动中所应遵循的规则、准则，包括行为规则、道德规范、行政规章、法律规定、团体章程等。

我国著名教育家陶行知先生说："播种行为，就收获习惯；播种习惯，就收获性格；播种性格，就收获命运。"我们唯有在本身和底线的坚守中使自己的行为方式和处事态度更加契合主流价值观，才能赢得老师、同学和家人的认可、认同。

典型案例

精益求精——23岁中专生逆袭成高职院校教师

第一届全国职业技能大赛数控车床项目金牌、"全国技术能手"……因为这些奖项所代表的技能水平，吴伟康虽然只有中专学历，但是仍被广东机电职业技术学院破格引进，还享受副高职称待遇，"逆袭"的经历令人称奇。

1999年，吴伟康出生在广东江门。因为家庭经济困难，为学习一门谋生的本领，中考成绩还不错的他主动放弃就读普通高中，入读江门市第一职业高级中学，学习数控技术专业。毕业后他手里握着企业递出的"橄榄枝"，同时在寻找新的机会。但令人费解的是，2017年，他却慕名报读了广东省机械技师学院。

这同样是一所中专学校，但它具有"全国世赛金牌学院"的美誉。实际上，吴伟康当时就有了冲击大赛巅峰荣耀的想法。在自身的勤学苦练、老师的细心调教下，2020年12月，他代表广东省机械技师学院参加在广州举行的第一届全国职业技能大赛，和有丰富实操经验的企业选手同场竞技，最终摘得数控车床（国赛精选）项目的金牌。凭借这一战绩，他荣膺了"全国技术能手"称号，并被广东机电职业技术学院破格引进，成为该校最年轻的教师。

因此，我们要珍惜学习时光，精益求精、虚心求知，实现人生价值。

话题一 熟悉规章制度

周恩来总理生前从不认为自己是国家总理就可以置身法纪之外，他总是时时处处带头遵纪守法。有一次，他乘车去政协礼堂开会，由于开会时间马上就要到了，司机为了赶时间，违反了交通规则，总理乘坐的车被交警拦了下来。

交警批评司机的时间很长，耽误了开会时间。其间同车的干部想去和交警交涉，总理严厉制止说："这怎么行？交通规则是政府颁布的，政府总理应带头遵守。总理不遵守，就是带头破坏制度。"一直等到交警放行，总理一行才离开。交警到最后也不知道车上坐的是周总理。此后，周总理常常叮嘱司机，无论什么理由，都不能违反交通规则："不要以为我是总理，就可以特殊，可以违章。"

周总理给我们树立了遵守规章、以身作则的榜样。

方法常识

（一）树立规则意识

买了一台新的电脑，就要安装程序；和同学打篮球，就要制定一个比赛规则。可以说，我们在社会中生活，在任何场合都要遵守规则。规则意识是现代社会每个公民需具备的一种意识。习近平总书记指出，"注重培育人们的法律信仰、法治观念、规则意识，引导人们自觉履行法定义务、社会责任、家庭责任，营造全社会都讲法治、守法治的文化环境"。

有时候，矛盾、误会乃至风险，常源于人们对规则的漠视。有的人在公共场所高声喧哗，是没意识到"自己声音大会影响他人"，稍加提醒还能改正；但也有人"明知故犯"，规则于自己有利就遵守，规则妨碍了自己就破坏；更有甚者，认为守规则是笨拙、迂腐、怯懦，绕过规则得了便宜，就显得聪明、灵活、有本事。凡此种种，不仅容易引发矛盾、扰乱秩序，还会影响社会风气。没有规矩不成方圆，这句尽人皆知的俗语，今天依然发人深省。

（二）职校生应遵守的行为规范

· 法律法规　国有国法，家有家规。法律法规是指中华人民共和国现行有效的法律、行政法规、司法解释、地方性法规、地方规章、部门规章及其他规范性文件。在法律面前人人平等，只要你犯了法，就逃脱不了法律的制裁。作为新时代的职校生，我们要自觉遵守法律法规，拒绝校园欺凌，

不打架斗殴，不以大欺小，不贪小便宜，不随便拿别人东西，不看不健康读物，自觉遵守和维护集体纪律。同时还要多学习一些法律知识，自觉抵制违法行为，不参与违法违规行为，进一步提高辨别是非的能力，用法律来保护自己的合法权利，努力学习各种科学文化知识，学会遵纪守法，学会做人的道理。

· 社会公德　社会公德是全体公民在社会交往和公共生活中应该遵循的行为准则，也是公民应有的品德操守，对于维系社会公共生活和调整人与人之间的关系具有重要作用。《新时代公民道德建设实施纲要》提出：推动践行以文明礼貌、助人为乐、爱护公物、保护环境、遵纪守法为主要内容的社会公德，鼓励人们在社会上做一个好公民；推动践行以爱岗敬业、诚实守信、办事公道、热情服务、奉献社会为主要内容的职业道德，鼓励人们在工作中做一个好建设者；推动践行以尊老爱幼、男女平等、夫妻和睦、勤俭持家、邻里互助为主要内容的家庭美德，鼓励人们在家庭里做一个好成员；推动践行以爱国奉献、明礼遵规、勤劳善良、宽厚正直、自强自律为主要内容的个人品德，鼓励人们在日常生活中养成好品行。这些社会公德也是新时代职校生应该遵守的行为准则。

· 校纪校规　校纪校规是实现教育教学目标的桥梁，学校把对学生最基本的政治素质、道德品质、日常行为等方面的要求，通过各个层面的校纪校规将其固定下来，并通过严格执行校纪校规建立一套行之有效的约束机制，以确保学校人才培养目标的实现。每一个学生都应该自觉遵守校纪校规，对照学校和班级的要求检查自己的行为，明确什么样的行为是正确的，什么样的行为是错误的。做好应该做的，不做不应该做的。

· 职校生行为准则　教育部于2016年9月1日公布了《中等职业学校学生公约》（以下简称《公约》）。《公约》针对中等职业学校学生的特点，提出了8个方面的基本要求，体现了以学生为主体、自我教育、自我管理的理念，对引导学生形成良好的行为习惯，增强德育的针对性、实效性具有重要意义。高等职业院校学生也要遵守教育部2017年颁布的《普通高等学校学生管理规定》。

信息链接

《中等职业学校学生公约》

1. 爱祖国，有梦想。热爱祖国，热爱人民，热爱中国共产党。志存高远，服务人民，奉献社会。

2. 爱学习，有专长。崇尚科学，追求真知；勤学苦练，精益求精；不会就学，不懂就问。

3. 爱劳动，图自强。尊重劳动，勇于创造；艰苦奋斗，勤俭节约；从我做起，脚踏实地。

4. 讲文明，重修养。尊师孝亲，友善待人；诚实守信，言行一致；知错就改，见贤思齐。

5. 遵法纪，守规章。遵守法律，依法做事；遵守校纪，依纪行为；遵守行规，依规行事。

6. 辨美丑，立形象。情趣健康，向善向美；仪容整洁，衣着得体；举止文明，落落大方。

7. 强体魄，保健康。按时作息，坚持锻炼；讲究卫生，保持清洁；珍爱生命，注意安全。

8. 树自信，勇担当。自尊自信，乐观向上；珍惜青春，不怕挫折；敬业乐群，勇担责任。

话题二　学会人际交往

林某，某职业学校二年级学生。他性格内向、孤僻，不善言谈，很少与人交往。入学一年多来，他和班上同学的关系很不融洽；跟同寝室人曾经发生过几次不小的冲突，关系相当紧张。后来他竟擅自搬出寝室，与外班的同学住在一起。从此，他基本上不和班上同学来往，也很少参加集体活动，与班级同学的感情淡漠，隔阂加深。他认为自己没有一个能相互了解、相互信任、谈得来的知心朋友，常常感到孤独和自卑，情绪烦躁，痛苦之极，而巨大的精神痛苦无处倾诉，长期的苦恼和焦虑使他患上了神经衰弱症。他开始厌倦学习，厌恶同学和班级，一天也不愿再在学校待下去。最终，他听不进老师的劝告，也不顾家长的劝阻，坚持要求休学。

人际关系问题是学生在学习、生活中常见的问题。它不仅影响学生的正常学习和生活，而且影响学生的健康成长。

方法常识

（一）人际交往的基本原则

·**互相尊重**　在人际交往中，做到互相尊重。尊重他人的人格、愿望、爱好等。正如孟子所说："爱人者，人恒爱之；敬人者，人恒敬之。"

·**平等互助**　在人际交往中，要坚持平等的原则。千万别觉得自己低人一等，也不要贬低交往对象；就事论事，以平等的身份，以互相帮助的心态进行人际交往，才能培养良好的人际关系。

·**真诚友爱**　在人际交往中，一定要坚持真诚友爱的原则。以坦诚之心与人交往，用真诚之心唤起真诚之心，用爱去感动他人。

·**宽容豁达**　为人要心胸宽广，不要斤斤计较，尤其在人际交往中，别太算计，也别太精打细算。不要揪住他人的一点小事，穷追不舍，也不要给人恩惠之后，常常挂在嘴边。学会包容他人的缺点，欣赏他人的优点，凡事看远点，想开点，做一个宽容豁达之人。这是人际交往中最基本的原则。

·**诚实守信**　欺骗是恶魔的种子，它一旦生根发芽，就会开出遍地的邪恶之花。在人际交往中，一定要坚持诚实守信的原则。人无信而不立，一旦失信，将难以在社会上立足。信用是一个人最宝贵的财富，要恪守诚信。

（二）人际交往的技巧

记住别人的姓或名，主动与人打招呼，称呼要得当，给人以平易近人的印象。

举止大方、坦然自若，使别人感到轻松、自在，激发交往动机。

培养开朗、活泼的个性，让对方认为和你在一起是愉快的。

培养幽默风趣的言行，幽默而不失分寸，风趣而不显轻浮。与人交往要谦虚，待人要和气，尊重他人，否则事与愿违。

做到心平气和、不乱发牢骚。

（三）提高人际交往能力的方法

· 和老师建立良好的人际关系

1. 尊重老师　尊重老师，就是要尊重老师的人格，不要有任何有损老师人格的言行，不要在背后议论老师的长与短。无论是在校内还是在校外，见到老师都要礼貌地打招呼。尊重老师，更要尊重老师的劳动，上课认真听讲，积极参与教学活动，按时保质保量地完成老师留的作业，以优异的成绩回报老师。

2. 虚心学习　师生关系主要是以教学活动为载体形成的。清华大学原校长梅贻琦说过，师生犹鱼，行动犹游泳，大鱼前导，小鱼尾随，从游既久，其濡染观摩之效，不求而至，不为而成。这样一种"从游"关系，使教学活动成为一个美妙的互动过程。由此可见，教学活动需要学生主动地参与，学生要虚心学习、好学习、善于学习。学生不仅要在课堂上虚心学习，课外也应该充分利用有利的条件虚心向老师请教。

· 和同学建立良好的人际关系

1. 学习上相互帮助　比如说，同学遇到不会的题目，向你请教，你恰巧会。这个时候，你要热心为同学答疑解惑。

2. 一起参加活动　积极参加班级或者院系组织的活动，一方面能提高自己的实践活动能力，另一方面也能增进与同学间的关系。

· 和室友建立良好的人际关系

1. 尊重彼此差异　室友间性格差异可能比较大，有的比较活泼，有的比较内向。生活习惯可能也不一样，有的习惯早睡，有的习惯晚睡等。这就需要彼此尊重、相互理解。

2. 共同遵守一些规则　比如：寝室每个成员要自觉打扫宿舍卫生；在规

定的熄灯时间后，应保持安静，进入休息状态；寝室添置公用物品，花费须均摊。这样做可以避免寝室成员间发生矛盾。

 信息链接

《礼记》中有关人际交往的名言

《礼记》是以散文写成的，有的以短小生动的故事阐明道理，有的言简意赅、意味隽永，其中富有大量的格言、警句，值得我们学习与传诵。

1. 人有礼则安，无礼则危。

出自汉·戴圣《礼记·曲礼上》。人有了礼仪，便会安定和谐，没有了礼仪规范，便会有危险。文明礼貌是生活的根基，没有了文明礼貌，就没有了最根本的道德底线。

2. 地有余而民不足，君子耻之。

出自汉·戴圣《礼记·杂记下》。拥有丰饶的土地，而民众却很贫穷，这是君子引以为耻的。拥有高尚品德和灵魂的人，都把自己本身的力量贡献于社会，他们的伟大和崇高，在于毫无私心，处处为他人着想，正是在不断的奉献中，他们完善着自己的品格，实现着人生的价值。

3. 以德报德，则民有所劝；以怨报怨，则民有所惩。

出自汉·戴圣《礼记·表记》。以恩德报答恩德，民众则会努力做善事；以怨恨报复怨恨，民众则会有所惩戒。对那些损害自己的人要持有宽容之心，对那些对自己有所帮助的人要抱有感恩之心。

4. 傲不可长，欲不可从，志不可满，乐不可极。

出自汉·戴圣《礼记·曲礼上》。骄傲不可以去滋长，欲望不可以去放纵，志气不可以自满，享乐也不可以到了极点。做事情，一定要把握好其中的度，不可以过分地放纵、满溢、极端。

5. 君子不失足于人，不失色于人，不失口于人。

出自汉·戴圣《礼记·表记》。失足，指行为举止不当。失色，指对人态度不当。失口，指言语不当。君子对于他人不表现出失当的举止、失当的态度、失礼的言语。此言君子应当加强道德修养，凡事要合于"礼"。

6. 礼之于正国也，犹衡之于轻重也，绳墨之于曲直也。

出自汉·戴圣《礼记·经解》。礼对于治理国家来说，仿佛用衡器称轻重，用墨线校正曲直。伦理道德是保证社会和谐的基本规范，一个道德沦丧的社会是不可能和谐发展的。

7.临财毋苟得，临难毋苟免。

出自汉·戴圣《礼记·曲礼上》。毋：不。苟：苟且，随便。遇到了财物，不要随意去获得；遇到了危难，不要随意逃脱。

话题三 培育职业素养

周六，小李像平时一样早早地起床，吃完早餐，穿好工作服，乘公共汽车往工厂赶去。小李是某职业学校机械设备维修专业的学生，第三学年外出岗位实习。实习单位是一家新成立的公司，一期工程设备在调试，二期工程正在紧张施工中。小李每天不是跟师傅调试设备，就是参与二期工程的基建工作。公司为尽快投产经常组织员工加班，小李主动要求双休日不休息，一直跟着师傅工作。他经常被安排做比较累的活，挖过水沟、扛过水泥、钢筋，可是他没有怨言，总是乐观、积极、认真地工作，尽管没有人表扬，他仍然踏实工作。小李还利用业余时间自学英语，钻研机械设备维修技术，主动跟公司的外籍职员交流切磋。

小李的吃苦耐劳、勤奋好学得到了公司领导的赞许，实习结束后，公司不再重新考核就直接录用了他。在转正一年后，小李被提拔为机械设备维修班组的组长，他带领的十几名组员中还有3名大学生，且他时常被委派到母校招聘新员工。

小李甘于吃苦、乐于奉献、钻研业务的综合职业素养，为他职业发展的顺利、成功奠定了基础。良好的职业素养对职校生的成长尤为重要。

方法常识

（一）何为职业素养

职业素养是一个宽泛的概念。从广义上看，职业素养是指人在从事某一具体活动中应具有的素质和修养。从企业要求方面看，职业素养包括职业规范、职业形象、职业技能、职业心态、职业道德五个方面。因此职校生的职业素养可以概括为：一是"德"，即行为习惯、心理素质、职业精神和职业道德，二是"才"，即语言表达能力、专业知识、思维能力、专业能力。前四个方面构成职业意识，后四个方面构成职业技能。崇高的职业理念是职业素养的精髓，高尚的职业精神是职业素养的根本，高超的职业技能是职业素养的基础，优良的职业作风是职业素养的体现。

（二）职校生应具备的职业素养

· **优秀的品质**　一个人品质优秀，无论是对于自己还是对于企业都是至关重要的。对于企业来说，员工的品质就是企业的"品质"。很多企业愿意招聘品质优秀而专业成绩相对差一点的毕业生，而不愿意招聘专业成绩优秀而素养较低的毕业生。因为人的专业技能可以通过企业的各种培训等来弥补，而人的品质却是无法在短期内培育的。正直、忠诚、守信、严谨、守纪、勤学、热情、文明、礼貌等，既是一个人必须具备的个人品质，也是一个优秀的员工必须具备的职业素养。

· **良好的团队合作意识**　企业的顺利发展归根结底离不开企业核心团队的凝聚力、向心力和战略决策能力，团队中每一个人的成长也离不开团队其他成员的帮助。我们每个人都要明白：所有成绩的取得都是团队共同努力的结果。只有把个人的实力与团队的实力结合在一起，形成合力才能发挥出最大效用。所以企业非常看重毕业生的团队合作意识。一滴水只有放进大海才能不干涸，一个人只有融入集体才能实现更大的价值。

· **强烈的事业心和责任感**　事业心和责任感是我们每一个进入职场的人应该具备的基本素质。企业希望毕业生将选择的这个"职业"当作自己一生追求的"事业"，在从事这个职业的过程中要爱岗敬业，而不能把这份职业仅仅当作自己赚钱谋生的"饭碗"，甚至是"跳板"。企业最青睐具有强烈责任心的员工，当你对自己的工作和公司负责的时候，你就会认真对待工作，勇于承担责任，努力做到最好。因此那些具有强烈事业心和责任感的员工才能在职场中有着更强的竞争力！

· **吃苦耐劳的精神** 企业非常欣赏勤奋好学、能吃苦上进的年轻人。很多企业在招聘时向毕业生提出这样的要求：是否愿意到第一线工作？是否能吃苦耐劳？一些毕业生在初入社会时，往往是从基层的一线工作做起，工作环境和工作条件都比较艰苦，在工作过程中，难免会遇到这样或那样的困难。有些毕业生过分强调专业对口，有些毕业生怕苦怕累，拈轻怕重，一旦企业提供的条件不符合自己的心理预期，或者待遇比较低，他们就开始抱怨、牢骚满腹，甚至出现临阵脱逃的情况。因此我们在做自己的职业规划时要有充分的思想准备，既要能吃苦，还要能耐得住寂寞、守得住清贫，能经得起各种困难、挫折的考验，具有百折不挠、永不屈服的精神品质。

· **不断创新的意识和能力** 企业已经把毕业生的创新思维与能力作为招聘的标准之一。创新是时代对人才提出的新要求，如今变革与创新已成为中国各行各业的核心价值观之一，创新成为企业腾飞的翅膀。管理大师德鲁克说：不创新，就灭亡！每个企业要想实现跨越式发展、实现更高层次的战略目标，创新已成为关键环节。那些墨守成规、因循守旧、没有创新精神的学生早已不受企业欢迎。只有那些善于不断学习新事物、不断钻研探索、开拓创新的毕业生才是企业最看重的人选。

· **过硬的专业技术能力** 个人的专业技术能力是其胜任本职工作或创造性地开展工作的前提和基础。虽然文凭和学历不再是企业看重的唯一标准，但是过硬的专业技术能力依然是企业在挑选人才时的重要标准。因此我们要熟练地掌握专业技术能力，打下坚实牢固的专业知识基础。无论在什么情况下，扎实过硬的专业技术能力都是展示自己才华的最好"名片"。

· **较好的心理素质** 随着市场竞争的日益激烈，人们生活和工作的节奏不断加快，压力日益加大。其实挫折并不可怕，可怕的是我们没有面对挫折的勇气和信心。职校生在校期间要了解和学习一定的心理学知识，有意识地通过各种形式培养自己阳光自信、乐观豁达的心理素质，增强自我调节的能力，以适应日益激烈的社会竞争。

 信息链接

求职面试的技巧

求职者在面试的时候要时刻与面试官保持目光接触，以示对面试官的尊重，但也不能一直紧盯着对方，更不要躲闪对方的目光。谈话的时候，求职者可以借助于一些必要的手势来表达，但注意不要有太多的小动作和手势。

求职者面试时注意礼貌用语，语气要谦和。称呼对方时用尊称"您"，讲话时避免语言粗俗与不敬，避免口头禅。音调应适中，声音太低会给人不自信的印象，太高又有咄咄逼人之感。发音清晰，语速适中，语速太慢会显得你缺乏朝气，太快则会暴露你紧张或急躁的性格，给人以不够稳重之感。

在面试中要营造一个愉快、和谐的交谈气氛，因而语气既要恭敬也要平和，不能用低人一等的语气，更不能傲气十足地与人交流。即使自己与面试官的意见有分歧，也要用委婉的语气表达，或者巧妙地避开，谈论另外的话题。切忌反问面试官，那是很不礼貌的行为。在适当的时机，求职者如果插入一些幽默的语言调节气氛，也未尝不可，因为幽默的语言能展示出你的聪明与机智，但要注意场合，不要弄巧成拙。工资、奖金等都关系到我们的切身利益，在面试的时候不可不谈，但也要慎重。一般情况下，求职者是不主动提出工资待遇问题的，否则会给对方留下"只重视追求物质报酬"的印象。在面试谈话接近尾声的时候，对方如果对你满意，自然会主动提及薪水待遇的问题。

话题四 学习文明礼仪

某医疗设备厂准备引进"大输液管"生产线，欲与别的企业合作。经过详细的考察，对方对该厂的发展和管理都很满意，并决定与该厂签订合同。合同签订前,该厂领导再次邀请合作方到车间参观。车间秩序井然有序,合作方赞许地点着头。突然,该厂领导感到嗓子不适,本能地咳了一声,到车间的墙角吐了一口痰,然后连忙用鞋底擦去,油漆地面上留下了一片痰迹……

两天后,该厂领导收到一封信,信中写道:

尊敬的X先生:

我十分佩服您的才智和精明,但是您在车间里吐痰的一幕使我彻夜难眠。恕我直言:一个厂长的卫生习惯可以反映一个工厂的管理水平,况且,我们今后生产的是用于治病的输液管。请原谅我的不辞而别……

由此可见,一个人的行为好似一面镜子,反映出他的文化底蕴、知识水准和道德修养。文明礼仪是塑造个人形象的重要工具,个人形象也是一种品牌。

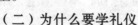 **方法常识**

(一)文明礼仪的内涵

礼仪是在社会生活中约定俗成的,符合礼的要求,维护礼的精神,指导、协调人际关系的行为方式和活动形式。礼仪的表现形式有礼节、礼貌、仪表、仪式等。了解基本的礼仪规范,有助于我们建立良好的人际关系,做文明的学生。

(二)为什么要学礼仪

· 对个体来说

(1)不学礼,无以立。

(2)使个人的言行在社会活动中与其社会角色相适应。

(3)礼仪是衡量个人道德水准高低和有无教养的尺度。

· 对社会来说

(1)有利于塑造组织形象,提高办事效率。

(2)礼仪是一个国家文明程度、道德风尚和生活习俗的反映。

(三)礼仪的类型

· 仪表礼仪

仪表是指人的外表,包括人的容貌、姿态、服饰等,是人的精神面貌的外在表现。在人际交往的最初阶段,仪表往往是最能引起别人注意的。职业学校对学生的仪表有相应的要求。

1. 发式　发式美是人的仪表美的一部分。头发整洁、发型大方会给人留下神清气爽的印象,披头散发则给人一种萎靡不振的感觉。职校生发式应该做到:男生不留长发,不剃光头,不染发、烫发,不理碎发,做到前不扫眉、旁不遮耳、后不过颈,不留怪异发型;女生理运动短发或扎马尾辫,前额刘海不过眉,不披头散发、烫发、染发,不理碎发,不梳怪发型。

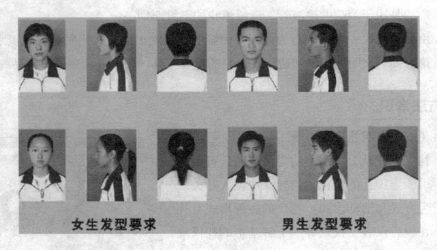

女生发型要求　　　　男生发型要求

2. 面容　面容是人的仪表之首,也是最为动人之处。职校生面容的基本要求是:勤洗脸,洁净卫生,自然美化,女生不涂脂抹粉,不画眉毛,不画眼影,不涂口红。

3. 手部　手被称作"人的第二张脸",手部和人体其他部位一样,不可忽视。因此,要注意保持手部清洁,养成勤洗手、勤剪指甲的良好习惯。

4. 服饰　职校生着装的基本要求是:整齐、清洁、大方、得体。为了让你的着装更出彩,请注意以下基本原则:一是TPO原则。即着装要与时间(Time)、地点(Place)、场合(Occasion)相适应。二是三色原则。全身上下的衣着,应当保持在三种色彩之内。三是合乎规范原则。职校生在校园的着装一定要合乎学校的要求,如进入实训室必须按规定穿工作服,遵守安全保护要求等。

· 见面礼仪

进入新的学校,见到新老师、新同学,热情友好地打招呼问候,是融入新环境的良好开端。

1. 问候　问候语一般不强调具体内容，只表示一种礼貌。比较通用的问候语有"你（您）好"、"你（您）早"、"早上好"、"下午好"、"晚上好"（约18：00至睡前）、"晚安"（临近对方睡觉时，并肯定在当天不会再会时）、"我先走了"、"辛苦您了"。问候应该由己方先主动，用明快的语气跟别人打招呼，基本问候之后，可以试着说一两句关心对方的话。在路上和老师相遇时，要主动向老师问好；在校外遇到老师时，应主动和老师打招呼，不要故意回避；学校经常有宾客来访，遇到来宾要主动行礼、问候，对于来宾的提问，要热情解答。外校或外班老师来听课，课前要礼貌问候，课上要认真听讲、踊跃发言。

2. 鞠躬礼　鞠躬是人们日常工作、生活中为表示对别人的恭敬而普遍使用的一种礼节，如拜见师长、欢迎宾客、演员谢幕等。不同的场合需调整行礼的幅度，行礼和道歉等最常见的是鞠躬45度，迎接客人是鞠躬30度。行鞠躬礼前应先脱帽，男生手臂自然下垂，放于身体两侧；女生双手叠放在身体前，身体立正站好，双目注视受礼者。行礼时，身体上部向前倾斜，视线随鞠躬自然下垂，注意不要驼背。

3. 注目礼　在升国旗、奏国歌时，要行注目礼；接受检阅时要行注目礼；开始上课前，学生应站立，向老师行注目礼。行注目礼时，行礼者面向受礼者立正站好，同时注视受礼对象；在升国旗时，目光应始终注视国旗；在接受检阅时，要目迎目送，礼毕将头和目光转正。

4. 致意　致意也是一种向他人表示敬意的礼节。致意有点头致意、微笑致意、招手致意、脱帽致意、欠身致意等多种形式。在日常生活中，两个人互相看见而两者的距离较远时，可采用招手致意的方式；在同一场合多次与某人见面，点头致意即可；在会场等场合，可以互相微笑致意；进入他人居室，别人将你介绍给对方，或是主人向你奉茶的时候，可以欠身致意。同辈间可以用点头和微笑的方式致意。

· 表情礼仪

表情是人的面部情态，能够传情达意。

1. 目光　眼睛是心灵的窗户。与他人交谈时，目光应注视对方，不应躲躲闪闪，但也不能长时间盯着对方，与人交谈时，1/3～2/3的时间看着对方比较好。与人交谈时，如果我们发现对方说话时视线集中在我们身上，则表明他对话题很感兴趣，谈兴正浓；反之，如果对方目光长时间不与我们接触或游移不定，经常左顾右盼或频频看表、看手机，则表明对方对所谈话题不感兴趣，或急于离开，应转换或终止话题。

2. 笑容　真诚的笑容能有效地拉近人与人之间的距离，也能让我们自己心情愉悦，所以我们在日常生活中要多笑。笑容中最具有感染力的是微笑。微笑时，两边嘴角微微上提，露出牙齿，眼中带着笑意。国际标准微笑是露出上排的6～8颗牙齿，别人在离你3米的时候就可以看到标准迷人的微笑。

笑也有很多技巧要注意：不该笑时不笑，当别人心情不好、陷入困境、身体不适、出糗的时候，面带微笑反而让人不舒服，很多学生尤其是女生由于害羞或自卑，笑的时候喜欢捂嘴，或不敢和别人视线交流，这样反而显得不自然。

· 仪态礼仪

仪态是一个人身体各部分呈现出的姿态，它可以透露我们的很多信息，影响别人对我们的印象。优雅的仪态可以让我们更自信。

1. 站姿　站立时，身体直立，挺胸、收腹、收颌、抬头、双臂自然下垂或双手在体前相握，眼睛平视，面带笑容。站立时不要驼背含胸、东倒西歪、抖腿、晃动身体、双手叉腰，在正式场合不要将手插在裤兜里或交叉在胸前，避免一些小动作，如敲打手指、玩发梢、拽衣服等，那样显得拘谨、不自信，也不庄重。

2. 坐姿　端庄优美地坐，会给人以文雅、稳重、自然大方的美感。正确的坐姿应该是：入座时要轻柔和缓，离开座位时要端庄稳重，女生坐前要注意捋一下裙子或裤子。不可猛起猛坐，弄得桌椅乱响。坐椅子的三分之二，腰背挺直，女生双膝并拢，男生膝部可分开与肩同宽或略窄，双手自然放在膝盖上或椅子扶手上。坐下后避免抖腿、弯腰弓背、跷二郎腿、将脚架在茶几上或向前伸直、频繁变换坐姿等。

3. 走姿　正确的走姿应该是：抬头挺胸，上身保持挺拔，肩部端平，两眼平视，面带微笑，双臂在身体两侧前后摆动，行走时大腿带动小腿，迈腿时膝盖不要弯曲，女生行走时两脚内侧在一条直线上，男生行走时两脚走两条平行线。行走时，避免低头含胸、拖着脚走、身体摇晃、左顾右盼、手插在裤兜里、边走边吃喝或抽烟、与人勾肩搭背等。

4. 蹲姿　下蹲时，右脚在前，左脚在后，两腿向下蹲，左脚脚掌着地，小腿垂直于地面，右脚脚跟提起，前脚掌着地，右膝高于左膝，臀部向下，男生两腿可以张开一些，女生双腿要靠紧。蹲下时注意避免弯腰撅臀的姿势，不要突然蹲下或离人太近，不要正面或背对别人蹲下，女生穿裙装蹲下时双腿一定要并拢，不要蹲在凳子上。

· 手势礼仪

肢体语言中运用最多的是手势，也许无意间的一个手势就会影响他人对你的印象。

1. 递物接物　我们在生活中递接物品，要主动上前，眼睛注视对方，双手递接。如果递送文件或书刊，则要把封面、文字正面朝向对方（比如把作业交给老师时，应该将作业的正面朝上，用双手递上），接过老师递给自己的作业时，同样要用双手，并对老师说声"谢谢"。递笔、刀、剪子之类的尖利物品时，要将尖头朝向自己，而不是指向对方。招待客人用茶时，左手托底，右手握杯把或扶杯壁，将杯把指向客人的右手边，并说声"请用茶"，若茶水较烫，则将茶杯放到客人面前的茶几上；如果接主人敬上的茶，则应站起伸出双手，说"谢谢"。如果在特定场合下或东西太小不必用双手时，则一般用右手递接物品，也可以用左手托住右手递接。

2. 握手时伸手的顺序　握手时伸手的顺序遵守尊者先行的原则，主要体现在：长者与年幼者握手，长者先伸手；老师与学生握手，老师先伸手；女士与男士握手，女士先伸手；已婚者与未婚者握手，已婚者先伸手；上级与下级握手，上级先伸手；先来者与后来者握手，先来者先伸手。

3. 进出办公室礼仪　如果门开着，则直接喊"报告"。如果门关着或虚掩着，就要敲门。敲门有讲究，力度要适中，间隔有序地敲三下，如果没有回应，就再加力度敲三下，得到回应"请进"就可以推门进入。进门后，若要关门，则要侧着身体关门，不要用臀部对着老师；进入办公室后，径直走到老师身旁约一米处，轻声与老师说话；获得允许后才能就座。没有得到老师的允许，不能随便翻动老师的物品。离开时，如果是坐着，则起身要轻，并将椅子放回原位；得到老师的允许后，向老师鞠躬告别："老师，我走了，再见！"后退两步转身离开；走出门时，随手将门轻轻关好。

4. **尽量避免的动作** 尽量避免伸出食指指向他人（会有轻视、教训别人的感觉），因此，在数人数或介绍、指引时，不要用手指指点点；双手交叉放在胸前，会让人觉得很难接近；上课时，玩弄自己的手指或转笔，会显得心不在焉，也很幼稚；打响指招呼别人，是对他人的不尊重；当众挖鼻孔、掏耳朵、挠头皮都会给人带来困扰，是不文明的表现；与人交谈时，手势不要太多，动作幅度不宜太大，手的位置高不过耳，低不过腰。

· 手机礼仪

大多数同学已经拥有自己的手机，同学们会用手机上网、玩游戏、看电子书、聊QQ等，但是同学们应该了解手机使用的礼仪。

1. **选择恰当的通话和使用手机的时间** 除非有要紧的事必须马上联系，否则不要在别人休息的时间打电话（例如早上7：00之前，晚上10：00之后及午休时间），在对方吃饭的时间打电话也不合适。在学校使用手机也要注意时间，上课时玩手机，既是对老师的不尊重，也是对自己的不负责。

2. **通话时注意礼貌用语** 接到电话首先要问候；如果打电话影响到他人，就要说明原因，说一声"对不起"；通话结束，不要忘记道别，说"再见""回头联系"。

3. **通话时注意态度** 虽然通话时看不到对方的态度，但可以感受到。打电话时要面带微笑，声音温柔，态度端正，不能喝茶、吃东西或做别的事情，这样会显得不礼貌和心不在焉。

4. **注意手机的使用场合** 在公交车、图书馆、医院以及电梯等公共场合旁若无人地大声接打电话是很失礼的行为，确实有事需要通话，要尽可能压低声音，不影响别人。在会场、电影院、剧场打电话也是不合适的（手机尽量关机或保持静音状态），而在加油站、飞机上，是不能拨打电话的。

5. **手机短信编发** 发短信也要注意礼貌用语，不发低俗的短信；如果是给不熟悉的人或老师发短信，则要有称呼、有问好，结尾要署名，以便对方知道你是谁。

· 谈话礼仪

1. **杜绝脏话、粗话** 有些同学有说脏话、粗话的毛病，而且有时还意识不到自己说了，要注意随时约束自己，最好请自己的亲人或好朋友提醒监督自己，改掉这样的坏习惯。

2. 学会礼貌用语　当别人为我们提供帮助或方便时，要说"谢谢""多谢""十分感谢""麻烦您了"等常用的致谢语。特色的致谢语还有"难为您了""有劳您了""让您费心了"等。

我们打扰、影响别人，或给人带来不便，甚至造成别人的损失或伤害时，要使用致歉语，如"对不起""请原谅""打扰了""很抱歉""真过意不去""对不起，打断一下""对不起，让您久等了"等。

请托语也是我们应该用到的，常用的有"请""劳驾""拜托""有劳您""让您费心了""请您帮个忙""请问您""请将门窗关好"等。

3. 学会倾听　要想有好人缘，就要学会倾听，倾听会让别人感受到被认可、被重视。听人说话时，身体微向前倾，眼睛注视对方，配合点头或会心微笑，并给予适当的回应，如"嗯""对""是的""后来呢"，让谈话顺利进行。

4. 减少失礼的说话方式　不要随意插话或接话，打断别人，或不顾别人的感受另起话题；和别人说话时，不要光顾着忙自己的事，如看手机（表现得心不在焉）；不要总是否定别人或质疑别人，多肯定、赞美别人；过度吹嘘自己、卖弄自己，也会引起别人的反感；不在别人说话时抖腿、打哈欠、频频看手表。

· 公共场所和集会礼仪

1. 图书馆、阅览室　在图书馆、阅览室阅读书籍、报刊时，要保持安静，放轻脚步，交谈时应简短、轻声，不丢弃垃圾，不损坏图书，借阅图书要及时归还。

2. 食堂就餐　就餐时应自觉排队买饭，不插队，不拥挤；尽量不剩饭剩菜；尊重食堂工作人员的劳动，并表示感谢；吃饭时不大声喧哗，不端着碗走来走去，吃饭声音不要过大。

3. 校园公共场所　自觉保持校园整洁，不乱扔垃圾、不随地吐痰、不乱涂乱画；自行车存放在指定的车棚或地点，不乱停乱放；不在楼道打闹嬉戏。上下楼梯，在楼道、街道行走以及乘坐手扶式电梯时，靠右侧行进。上下楼梯遇到师长、客人，应侧身让师长、客人先走；进出门口，要主动开门，侧身站立，让对方先走。

4. 集会　参加集会时，有序地提前入场；集会时，不随意说话、打闹和走动，保持安静、专注；在观看演出时遇有精彩的表演，开始或结束时应鼓掌表示感谢和赞赏。当登台发言时，先向师长、来宾敬礼，再向听众敬礼，发言完毕敬礼和道谢，再回座位。

· 男女生交往礼仪

男女生正常交往不仅有利于心理健康，也有利于性格互补，但男女生交往需注意一些礼仪规范。

1. 对待异性落落大方　和异性同学交往不过分拘谨或过分冷淡，否则会让人觉得不自然，没有礼貌，难以接近。男女生之间交往要适当保持距离，避免肢体上接触（比如打闹，往异性同学身上靠，动手动脚，做一些亲密的动作），最好的距离为0.75~1.5米。说话时也要注意，避免一些不合适的话题，涉及两性之间的一些敏感话题要回避，不要开低级庸俗的玩笑。如果一位或几位异性邀请你一同前往以前从未去过、不太熟悉、不适合自己去的地方，要予以拒绝。与异性交往时，尽量避免晚上尤其是深夜活动。如果是同学聚会等活动，也要尽量早点返回学校，不能与异性一同外出夜不归宿。

2. 男生要有"女士优先"的意识　礼仪一个重要的原则是"女士优先"，并不是说什么事情都让着女生，而是用行动去尊重女生、照顾女生、体谅女生。比如有较繁重的劳动任务时，男生要主动进行帮助，不应讥笑或袖手旁观；在街上行走，男生应走在女生的左侧；见面时，男生应主动问候；见到女生提重物的时候，男生应主动帮忙等。

信息链接

文明礼仪诗歌

有一种美，令人惊艳，令人回味，令人追求，
这是一种可以吸引目光的美，它——光彩夺目；
有一种美，飘逸在浮尘之上，深埋在古垒之下，
这是一种可以吸引灵魂的美，它——深藏不露。
这就是文明礼仪之美。
中华民族素有文明礼仪之邦的美称，
她拥有五千年悠久的历史。

五千年的历史沉淀，造就了不朽的中华文明。

文明礼仪是一个国家、一个民族进步程度，社会风尚和道德水准的重要标志；

文明礼仪是一个人的思想觉悟、文化修养、精神风貌的外在体现。

一声亲切的问好是文明，一个标准的队礼是文明，

顺手捡起垃圾是文明，绕路避开草坪是文明，

文明礼仪可小可大，在我们能力范围内都可以做到。

让我们昂首阔步，去追赶文明的思潮；

让我们解放思想，去沐浴礼仪的阳光！

话题五 坚持诚信守法

4月30日，放学铃声一响，某职业学校校园里顿时热闹起来，学生们嬉笑着奔向学校大门，回家过节。

"老师再见！"欢快的学生一群群地涌出校园，不一会儿，校园里逐渐安静下来。"老师，您能借我5元钱吗？"一个经常在校园里与黄老师打招呼的男生走到黄老师面前，"我没有零钱坐公交车，我过完节回来还给您。"他一脸诚恳。"可以。"黄老师把5元钱递给他。

他欢快地说了声"谢谢老师，再见"，然后高高兴兴地走出了校园。5月4日，假期结束，学校开始正常上课，但借钱的男生没有还钱给黄老师。

两天过去了，借钱的男生还是没有把钱还给黄老师。黄老师猜测着，给学生找各种各样的理由。时间一天天过去，黄老师还是没有看到那个借钱的男生。一个星期后，黄老师仍然记着这5元钱的事。

黄老师之所以惦记着5元钱，是因为怕学生失去最可贵的品质——守信。钱是小事，教学生做人是大事。黄老师决定去找这个学生。

课间，黄老师找到学生所在的班级，碰到了这个一脸阳光的男孩。他笑嘻嘻地跑上来与黄老师打招呼，黄老师答应了一声，俯下身悄悄地对他说："同学，我没有收到你还的钱。""啊！老师，对不起，我忘了。"他一脸的不好意思，"等下课后我回寝室拿给您。我一定还！""行，钱不要丢了，还有一样东西也不要丢了。""什么？"黄老师在他的手心写下"守信"两个字。他点点头。

下课后，男生跑到黄老师面前，还给黄老师5元钱。黄老师笑着接过5元钱，男生也笑了。黄老师表扬他说："真不错，两样东西都没丢。"

"丢不掉的！"清脆的声音渐行渐远。

生命绝不会从谎言之中开出灿烂的鲜花。弘扬诚信文化，健全诚信建设长效机制是党的二十大报告关于实施公民道德建设工程的一项重要内容，也是加强和改进未成年人思想道德建设的重要环节。诚信守法是做人的基本原则，也是做事的基本原则。

方法常识

（一）诚信缺失的表现

·**学习方面**　有部分职校生缺乏学习动力或存在诚信缺失的情况，最典型的表现是考试作弊。尽管每次期中、期末考试前，学校都会三令五申要求班主任对学生进行考试方面的纪律教育，考试前监考老师也都认真地组织学生学习考试规章制度，并教育学生考试不仅是考知识，也是考人的品德，但总有一些学生置若罔闻。此外，职校生逃课、旷课现象较为严重，常常因不想上课而装病外出去网吧上网；做作业时，抄袭他人的作业，一些学生甚至出钱雇同学完成作业。

·**求职就业方面**　随着社会主义市场经济体制的确立和发展，我国职业学校毕业生就业从传统的"统包统分"和"包当干部"走向"自主择业"和"双向选择"，这有利于学生挑选适合自己特点、合乎个人兴趣意愿、有发展前途的职业和工作单位。但是，随着就业竞争的日趋激烈和就业压力的增大，一些职业学校毕业生在求职时出现失信行为。例如，在与用人单位签协议书后随便毁约，个人自荐材料造假，更改体检结果，涂改成绩单，等等。

·**纪律方面**　尽管学校制定了严格的校纪校规，学校领导、老师经常强调纪律，但有些学生在校园里仍出现打架斗殴、违章用电、造谣生事、扰乱公共秩序、外出不请假、在假条上冒签班主任姓名、夜不归宿、推卸责任和不服从管理等问题。

・生活方面　部分学生在生活中存在不诚信现象，如恶意逃交或拖欠学费，用父母所给的学费上网及买其他东西，借他人钱物不归还，用虚假手段骗取父母更多的钱进行奢侈消费，等等。

（二）保持诚信应坚持的原则

・不轻易许诺　作承诺时要慎重，对于自己做不到的事情，要诚实地回答，礼貌地拒绝。

・要说到做到　俗话说，一言既出，驷马难追，答应别人的事情，要尽自己最大的努力做到。重视自己做过的每一个承诺，即使是一件小事。

・坦然地面对，不做作　做真实的人，少说多做，诚实做人，踏实做事。

（三）职校生常见的犯罪类型

・法盲型犯罪　法盲型犯罪是指当事人因对自己承担的法律角色缺乏了解和责任感，法律意识薄弱，不能以法律自觉约束自己的行为而导致犯罪的行为。

某学校的男学生赵某与同寝室鲁某因琐事发生纠纷，赵某决定给鲁某点"颜色"看看，于是用事先偷配的钥匙打开鲁某的储物柜，将柜内的2000元人民币和一台笔记本盗走，物品总价值6780元钱。赵某本来只想吓唬一下鲁某，可没想到事发后第二天，警方就锁定他是犯罪嫌疑人，并将其抓获。

"我偷电脑是与他开个玩笑！"案发后，赵某曾这样向警方交代盗窃理由，但是为时已晚，赵某因盗窃笔记本等物品，被法院以盗窃罪判处有期徒刑3年。念其还是在校学生，而且笔记本也已追回，法院判处缓刑3年。

从这个案例可知，"不知法不赦"——不懂法不免除违法者的法律责任。

・心理不健康型犯罪　心理不健康型犯罪是指当事人因心理障碍或心理病态而导致犯罪的行为。

某校某学院一男生家境贫寒，同寝室一同学却很有钱，他心生嫉妒，想"劫富济贫"。在得知寝室同学银行卡密码后，他趁同学不在寝室之机，偷拿走其银行卡。知道取款机有摄像头，于是他戴上帽子和口罩，蒙面取款1500元。仅两天后，警方就将其抓获，并送交检察院追究其法律责任。

· **冲动型犯罪** 冲动型犯罪又称激情犯罪，是指在强烈的激情推动下实施的暴发性、冲动性犯罪行为。

某日23：30，某学校1号楼寝室发生了恶性打架杀人事件。1号楼下，一名即将毕业的学生和一名新生因言语不和发生口角，本班同学劝架时，一方突然拿出刀子捅人，刀刀致命。其中一人被凶手割断喉部大动脉，当场死亡。

· **过失型犯罪** 我国刑法规定：应当预见自己的行为可能发生危害社会的结果，因为疏忽大意而没有预见，或者已经预见而轻信能够避免，以致发生这种结果的，是过失犯罪。

（四）加强自我防范，自觉守法

· **遵守国家法律、法规及社会公共规范** 实践证明，未成年人一旦养成了不良习性，要矫正过来是很不容易的，需要花费很大的力气。因此，我们应该在日常生活和学习中，处处遵守国家法律、法规、社会公共规范，尊重社会公德，从小养成良好习惯，提升自我修养，自觉抵制违法犯罪行为的引诱。

· **树立自尊、自立、自强的意识** 自尊、自立、自强是一种积极的人生态度，也是我们进行自我防范和赢得社会保护的途径。如果我们自甘堕落，外界再怎样帮助，也是无济于事的。

· **增强辨别是非和自我保护的能力** 我们只有学好知识，丰富社会生活经验，锻炼各种能力，才能对违法犯罪行为有一个清醒的认识，分清是非。我们还要加强锻炼，强健体魄，这样在遭到暴力侵害时才能及时逃脱或者进行正当防卫，不至于受犯罪行为的侵害。

· **增强用法律武器维护自身合法权益的意识** 如果我们发现自己正在或已经受到非法侵害，应该采取正确的方法解决。如及时向学校、父母或者其他监护人报告，由家长、老师或学校出面制止不法侵害，也可以向公安机关或者政府主管部门报告。

我们要远离违法犯罪，健康成长，自觉刻苦学习文化、科学、法律等方面的知识，做一名遵纪守法的好公民。

信息链接

古今中外关于诚信守法的名言警句

诚实是人生的命脉,是一切价值的根基。——德莱塞

诚实的人必须对自己守信,他的最后靠山就是真诚。——爱默生

诚实和勤勉,应该成为你永久的伴侣。——富兰克林

信用是难得易失的,费十年工夫积累的信用,往往由于一时的言行而失掉。——池田大作

欺人只能一时,而诚信都是长久之策。——约翰·雷

小信诚则大信立。——韩非子

轻诺必寡信,多易必多难。——老子

真者,精诚之至也。不精不诚,不能动人。——庄子

人而无信,不知其可也。——孔子

养心莫善于诚。——荀子

巧诈不如拙诚。——韩非子

欲正其心者,先诚其意,意诚而后心正。——《大学》

才者,德之资也;德者,才之帅也。——司马光

言必信,行必果。——孔子《论语·子路》

人而无信,不知其可也。——孔子《论语·为政》

推人以诚,则不言而信矣。——王通《文中子·周公》

进学不诚则学杂,处事不诚则事败,自谋不诚则欺心而弃己,与人不诚则丧德而增怨。——程颢、程颐《二程集·论学篇》

拓展训练

学做有责任的员工

苏珊和艾达是一家餐饮店的实习生。一天,一位住在酒店的客人到餐厅吃饭,饭菜上桌后,他突然接到一个电话,然后急匆匆地想出去。临走前,这位客人要求艾达将他的饭菜先放在这里,他会很快回来,然后再

吃，说完还拿出自己的房卡让艾达看了一眼。艾达礼貌地微笑着点了点头，准备让他离开。

这一场景被一旁的苏珊看见了，这事本来与苏珊无关，但强烈的责任感却让她主动走了过去。她面带微笑诚恳地对那位客人说："先生，请您放心，我们一定会帮您留着菜。不过我们酒店规定点菜后必须先付账才能离开。现在您已经点了菜，所以需要先付账。请您理解我们。我们保证会为您留着饭菜。"

"好，我现在就去付账。"客人爽快地答应了。

"好的，我带您去。"于是，苏珊笑容满面地带着客人到前台结了账。

后来，那位客人一直到餐厅快要打烊才回来。苏珊因为答应了这位客人，所以她没有离开，还通知厨房留人值班。当客人回来后，她立刻让厨师将热好的饭菜给客人端上来。这位客人没想到自己离开这么久，服务员还会为他留着饭菜，非常感动，而这些，也被酒店经理看在了眼里。

就这样，因为有着深深的责任感，苏珊从一个小小的实习生开始，一步一个脚印踏踏实实走上了酒店副总的位置。

◎ 拓展目标

使学生认识责任心对一个人成长的重要性。

◎ 拓展方法

先让学生代表阅读材料，再分组交流讨论或全班进行交流。

◎ 拓展过程

1. 学生代表上台阅读材料。

2. 分组讨论：作为班级一员，应该具有哪些责任。

3. 每个小组选派一名代表上台发言，说说作为一名职业学校的学生应具备哪些责任。

4. 小结。

> 实践活动

微笑训练

◎ 活动概述及目的

每位同学进行微笑训练,可在课堂上,也可在课余时间练习。微笑训练的目的是教会学生学会微笑。

◎ 活动形式与要求

对镜微笑训练法、含箸法、情绪诱导法。

◎ 活动准备

准备镜子、轻快的音乐、筷子。

◎ 活动实施

1. 对镜微笑训练法:播放轻快的背景音乐,端坐在镜子前,保持愉悦的心情,呼吸自然顺畅,静心3秒钟,开始微笑。双唇轻闭,使嘴角微微翘起,面部肌肉舒展开,注意眼神的配合,如此反复多次。

2. 含箸法:选一根洁净、光滑的圆柱形筷子,横放在嘴里,用牙轻轻地咬住,练习微笑,请同学互相观察。

3. 情绪诱导法:看笑话及让自己高兴的照片、书,回想高兴的事,听让人开心的音乐,引发快乐和微笑。

◎ 活动评价

老师对学生的微笑训练结果进行综合评分,并根据不同学生的情况给予相应的指导。

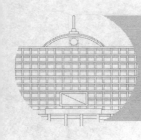

第四讲
安全与健康

 学习目标

  掌握常见的安全常识，加强自身的安全和健康意识。
  通过安全教育，提高自我防范能力。

  校园安全与每个师生、家长和社会都有着密切的关系。从广义上讲，校园事故是指学生在校期间，由于某种偶然突发的因素而导致的人为伤害事件。涉及青少年生活和学习方面的安全隐患有20多种，如：食物中毒、体育运动损伤、网络交友安全、交通事故、火灾火险、溺水、毒品危害等。

 导读感悟

  校园安全是顺利开展学校教育活动的基础，也是教育改革和发展的基本保障。《中国教育现代化2035》指出，要创建平安校园、文明校园、和谐校园。校园安全工作关系着学生的安危、家庭的幸福、社会的稳定。我们只有加强自身的安全防范意识，才能实现生命的价值，才能让我们的生活五彩缤纷。

 典型案例

  不同于一般主抓成绩的校长，叶志平从当上桑枣中学校长那天起，就开始为学校新建的实验教学楼担心。这栋教学楼建于20世纪80年代，由于没有找正规建筑公司，断断续续建了两年才建好。可想而知，这栋教学楼的质量如何。虽然名为"新楼"，楼梯的栏杆却摇摇晃晃，楼板缝中填的不是水泥，而是水泥袋。这样的工程质量，没有人敢为其验收。

学生的安全重于泰山，于是叶志平从1997年开始组织加固教学楼。搞工程需要钱，学校没钱，他就去找教育局一点点磨，左一个5万，右一个5万，终于将质量堪忧的教学楼重新加固好。他先是找正规建筑公司拆除了与实验教学楼相连的一栋质量非常差的厕所楼，然后将楼板间的水泥袋取出，统统灌注了真材实料的混凝土，最后将支撑大楼的22根承重柱，全部按国家标准换了一遍。

为了不耽误学生上课，他将维修教学楼的时间安排在每年的寒暑假和周末，蚂蚁搬大象，他一点点将这项浩大的工程搞完。后来学校新建教学楼，叶志平也对建筑公司严格要求，就连外墙上贴的大理石贴面，他都要求建筑工人打4个孔，用4个金属钉挂在外墙上再粘好。

在搞好教学楼的工程质量后，叶志平又开始训练学校师生在面临突发事故时的紧急疏散能力。这一项工作，他从2005年就开始准备了。当时叶志平为每个班都固定好了疏散路线，两个班合用一个楼梯，每班必须排成单行。而且就连每个班在教室如何疏散，他都作了详细规定。当然，学生到达操场后，也会在固定的地方集中。

在紧急疏散时，老师们的站位也有明确规定：必须站在楼梯的拐角处。一旦有学生摔倒，作为成年人的老师可以一把将学生扶起，避免发生踩踏事故。由于叶志平经常搞疏散演习，所以被一些学生家长批为"不务正业"。但他并没有过多解释。直到汶川地震发生，家长们看着自己活蹦乱跳的儿女，才理解叶校长的良苦用心。

汶川地震当天，虽然叶校长有事外出，但老师们还是按照平时演练的流程，先让学生趴在桌子底下，他们打开教室前后门后，学生依次有序撤离。1分36秒，全校2300多名师生全部冲到操场，并按班站好，无一人伤亡。当老师们向叶校长汇报时，一向严肃的他竟然哭了！有人说，这1分36秒，是他一生最辉煌的时刻。

话题一 注意校园安全

学生离开家庭，进入职业学校，要牢固树立安全意识，掌握日常生活的基本安全知识和自救技能。

方法常识

（一）防范食品中毒

• 不买"三无"食品　不买无生产日期、无质量合格证以及无生产厂家、来路不明的产品，不食用过期、变质、酸腐变味和性质不明的食品。

• 注意饮食卫生　饭前要洗手，已开封的食品应尽快吃完，未吃完的食品要妥善保管。果蔬类食品生吃时要清洗干净，并用微波炉消毒或用开水、淡盐水浸泡消毒。

• 不去小摊就餐　校外就餐要选择卫生条件好的餐馆，尽量不去街头小摊。选择食堂就餐，谨慎选择外卖。

• 保持室内清洁　保持寝室、抽屉、贮藏柜的卫生清洁，确保食物卫生贮存。定期清洗储物柜、食品柜、牙具和毛巾。

• 正确处置食物中毒　发现自己或同学食物中毒后，应立即拨打120求救。遇到紧急情况，可在老师指导下，以手指或钝物刺激中毒者咽弓及咽后壁，使其呕吐（注意避免呕吐误吸而发生窒息）。对可疑有毒食物，禁止再食用，并收集呕

（图：外卖后厨卫生无法保障）

吐物、排泄物及血尿送到医院作标本分析。

（二）拒绝吸烟诱惑

· **了解吸烟的危害** 吸烟会给青少年大脑、心肺功能发育带来不良后果，还影响个人形象和人际交往。在公共场所吸烟，不仅污染空气，给不吸烟者造成被动吸烟的危害，而且可能引发火灾。

· **远离吸烟人群** 避免与吸烟者单独相处，不受诱惑，不吸别人递来的香烟。不在同伴影响下相互模仿吸烟。

· **有意识戒烟** 如果有吸烟的嗜好，则将吸烟的危害和戒烟的好处写在纸上警示自己。经常去图书馆等禁止吸烟的场所，经常进行户外活动消除心理烦恼。将每周省下的钱购买自己喜欢的东西，不断感受不吸烟的好处。

（三）坚决远离毒品

· **了解毒品的危害** 了解毒品摧残身心、诱发犯罪、传染疾病、耗资巨大及导致家破人亡的案例。

毒品的身体依赖性是指由于用药者反复用药所造成的一种强烈的依赖性。毒品作用于人体，使人体体能产生适应性改变，形成在药物作用下的新的平衡

（图：新型毒品）

状态。一旦停掉药物,生理功能就会发生紊乱,出现一系列严重反应,即戒断反应,使人感到非常痛苦。用药者为了避免戒断反应,就必须定时用药,并且不断加大剂量,使自身终日离不开毒品。

毒品的精神依赖性是指毒品进入人体后作用于人的神经系统,使吸毒者出现一种渴求用药的强烈欲望,驱使吸毒者不顾一切地寻求和使用毒品。一旦出现精神依赖后,即使经过脱毒治疗,在急性期戒断反应基本控制后,要完全康复原有生理机能往往需要数月甚至数年的时间。更严重的是,吸毒者对毒品的依赖性难以消除。这是许多吸毒者一而再、再而三复吸毒的原因,也是世界医、药学界尚待解决的课题。

• **毒品危害人体的机理** 我国目前流行最广、危害最严重的毒品是海洛因,海洛因属于阿片类药物。在正常人脑内和体内的一些器官,存在着内源性阿片肽和阿片受体。在正常情况下,内源性阿片肽作用于阿片受体,调节着人的情绪和行为。人在吸食海洛因后,抑制了内源性阿片肽的生成,人体逐渐形成在海洛因作用下的平衡状态,一旦停用人就会出现不安、焦虑、忽冷忽热、起鸡皮疙瘩、流泪、流涕、出汗、恶心、呕吐、腹痛、腹泻等反应。冰毒和摇头丸在药理作用上属中枢兴奋药,毁坏人的神经中枢。

• **远离疑似毒品场所** 不进入治安复杂的场所或在吸毒场所停留。不吸食陌生人提供的香烟或饮料。不因心烦而错误地"借毒消愁"。不相信毒品能治病或滥用药品(如兴奋剂、镇静剂等)。

第三代毒品主要是指2000年之后出现的新型毒品,主要是化学合成的新精神活性物质。专家介绍,为了逃避打击,第三代毒品更新换代速度更快,两三年就可能会出新品种,形态也更为多样,比如可以渗入饼干、烟丝、香草、饮料中,更易于让人受到蒙蔽。

• **拒绝毒品诱惑** 不因好奇心或抱着侥幸心理接触毒品,不要为效仿"明星""大款"或"赶时髦"而吸毒。不要听信"吸毒是高级享受"的谎言。不结交吸毒或贩毒人员。

(四)防范校园火灾

• **不乱接电线电器** 不在寝室及楼道等处私接电线、插座和灯头。不使用劣质或有安全隐患的电线及电器。不在寝室内违规使用大功率电器(如热得快、电水壶等),长时间外出应切断寝室电源。

·时刻预防火灾　不在寝室内用各种灶具或使用明火烹煮食物。不在室内堆放汽油、烟花爆竹和危险试剂等易燃易爆品，不在寝室点蜡烛和焚烧杂物。

·熟悉消防通道　知晓教室、寝室消防器材放置位置。保护公共场所的消防栓、灭火器等消防设施和器材。熟悉教室、寝室、食堂、实验室、实习场所、图书馆等地的消防通道。

（图：火灾逃生自救方法）

·学会处理火情　发现火情应沉着镇定，大声呼救并及时报警。发现小的火源应及时用消防器材扑灭，若火势渐大，则应抓紧逃生，不要舍不得财物。若遇电气火灾，则首先应断电，千万不能用水灭火。

·演练火灾逃生　若寝室、教室着火，则逃生时不要乘坐电梯，也不要急忙跳楼。在教室、寝室过道逃离火灾时，应口捂毛巾，弯腰俯身寻找紧急出口，听从指挥，切莫慌乱拥堵。

·火灾自救小常识　当遇到火势威胁时，我们要当机立断找衣物、被褥等并把它们泡湿，然后披在身上向安全出口方向冲出去，不要有其他任何的想法，逃生才是最重要的。

当我们需要穿过浓烟逃生时，首先我们要用湿毛巾或者湿的衣物捂住口鼻，身上披着湿衣物或者被褥并尽量使身体贴近地面向安全出口方向爬行。

当身上着火时，首先就地打滚或用厚重衣物压灭火苗，千万不要想着奔跑，因为这会让火势越来越大。遇火灾不可乘坐电梯（这是我们必须知道的），要向安全出口或者楼梯方向奔跑逃生。

若所有逃生线路都被大火堵住，我们要立即退回室内，并及时地打电话求救，在没有信号的情况下我们可以用打手电筒、挥舞衣物、呼叫等方式向窗外发送求救信号并等待救援。

（五）预防触电危险

·不拆卸和安装电器设备　如发现教室、寝室、实验室或实习车间等地方的电器设备出现问题，请及时报告老师或者相关专业工作人员维修，不可私自拆卸修理，以免发生触电意外。

·清楚电源总开关位置　在紧急情况下可以关闭电源总开关。不用手或者导电物体直接接触电源插座或者电器内部。不用湿布擦拭电器。电器使用完毕后应立即拔掉电源插头。

·熟悉触电救援方法　发现同学触电时，要设法及时切断电源或者用不导电物体将触电者与带电的线路或者电器分开，切记不要用手去直接救人。如果自己没有办法施救，则应及时呼救，寻求他人的帮助。

（六）注意交通安全

·横穿公路守规则　穿越马路要遵守"红灯停、绿灯行"的交通规则。穿越马路要走斑马线，尽量选择走过街天桥或者过街地下通道。严禁翻越道路中央的安全护栏和隔离带。不要突然横穿马路，以免发生意外。

·骑车出行应注意安全　骑车出行首先要确保车况完好，车闸、车灯、车铃都灵敏。要在非机动车道右侧骑行，不逆行，不要急刹车、急转弯、不飙车、不撒把、不追逐打闹、不追逐或者攀扶机动车、不骑车带人、骑车不戴耳机，遵守交通规则。

·乘坐公共交通工具有秩序　乘坐公共汽车或地铁要排队，有秩序地上车，遵守先下后上的原则，不拥挤。不携带违禁物品上车，乘车时不要将头和手伸出窗外，以免发生意外。车辆起步时要坐稳扶牢，以免因车辆加速、急刹车或者拐弯时失去平衡摔倒受伤。在乘车过程中随时看管好自己的物品，以免丢失或者被盗。乘坐有营运资质的车辆，不乘坐无营运资质的黑车。

（七）防止溺水发生

·不去危险水域　不去情况不明的水域游泳。应选择去游泳馆等正规场所游泳，携带好泳衣、毛巾、洗漱用品。尽量找同学或者朋友结伴游泳，以便相互照顾。

·落水不要慌乱　不会游泳者落水后不要心慌意乱，应冷静地采取头顶向后，口向上方的姿势，将口鼻露出水面，此时就能进行呼吸。呼吸要浅，吸气宜深，尽可能使身体浮于水面，以等待他人营救。千万不能将手上举或拼命挣扎，因为这样反而容易使自己下沉。

·学会应对抽筋　会游泳者若在游泳时小腿痉挛（抽筋）应及时喊人援救。此时需将身体抱成一团，浮上水面。深吸一口气，将痉挛（抽筋）下肢的拇指用力向前上方拉，使拇指翘起来，持续用力，直到剧痛消失，抽筋自然也就停止。上岸后最好再按摩和热敷患处。如果手腕肌肉抽筋，则将手指上下屈伸，并采取仰面位，以两足游泳。

（八）防止意外伤害

· **预防跌伤摔伤**　有些学校的寝室或者教室的地板比较光滑，要注意防止滑倒受伤。需要登高打扫卫生、取放物品时，要请他人协助，注意防止摔伤。

· **预防划伤刺伤**　使用刀、剪等锋利尖锐的工具或图钉、大头钉等文具后应妥善收好，不能随意乱放，防止划伤他人。

（九）防范财物被盗

· **注意防盗**　注意观察形迹可疑人员（防止不良推销小商品人员进入校内顺手牵羊）。及时修复寝室损坏的防盗设施。保管好自己的钥匙。积极参加寝室楼内的安全值班。

· **保管好自己的财物**　保管好自己的现金、银行卡、手机（涉及支付宝、微信支付等），银行卡等密码应选择容易记忆且又不易被解密的数字，注意不要选用自己的出生日期作为密码。

不要将贵重物品放在柜子或者抽屉里，也不要随便放在桌上、床上（防止盗窃分子顺手牵羊或溜门盗走或钓鱼盗走）。必要时，将一些衣服和贵重物品作记号，为被盗后找回来作证。寒暑假时，将贵重物品带回或交给他人保管。

不要带较多的现金和贵重物品去公共场所，寝室内也不要放大量现金，贵重物品不要放在明处。在教室、图书馆学习或在食堂用餐时，不要用书包或随身携带的包占座。不要在书包里放较多的现金、贵重物品和钥匙等。

· **外出随手关门**　上课、参加集体活动、运动锻炼时，要养成随手关窗锁门的习惯。即便是暂时离开寝室，也要锁好门，切不可大意、抱有侥幸心理。

· **失窃及时报警**　失窃后，请老师或公安人员勘查现场后应尽快清点财物，若存折、银行卡被盗，则应及时电话挂失或立即去银行挂失。若手机被盗要抓紧挂失手机号。积极配合调查，实事求是地回答老师、保安人员和公安人员提出的问题，积极主动提供线索，不隐瞒情况。

一旦发现可疑人员正在作案，就要尽量记住作案人的体貌特征，首先向学校保卫部门报警。不可匆忙查看物品，破坏现场。不准无关人员进入，等待警

察或老师前来调查处理。

（十）防止受骗上当

· **防止隐私泄密**　当有人打电话告诉你中了大奖，需要核对或登记你的身份证号码、银行卡号和密码时，千万不要轻信；在自动取款机前取款时，要严密防范故意靠近自己的人，以防泄露密码；不要将自己或同学的姓名、身份证号码、手机号码、家庭住址、父母工作单位及电话号码等轻易泄露给别人；与家人约定，需要钱款时不委托他人代办；凡陌生人所言自己熟悉人的种种事情，涉及钱物的，需提高警惕，不要轻信；不借银行卡、身份证件给陌生人。

· **防范手机短信链接病毒**　很多伪基站模仿或冒充中国移动、银行、支付宝等官方号码发送短信。此类诈骗往往紧跟热点变化噱头，但不变的是短信中的短链接，所以大家收到含有短链接的短信，一律不要点开，马上删除这条短信。

如果误点了短信中的链接应立即给手机重装系统、恢复出厂设置或者使用杀毒软件查杀病毒。在第一时间拨打银行卡所属银行的客服热线，进行账户挂失，及时删除短信，不要再点击链接。通知通讯录里所有好友，告知他们自己手机中了病毒，不要相信木马发送的诈骗短信。

· **不轻信中奖信息**　不轻信免费培训，警惕电话和短信敲诈，不贪图蝇头小利，不轻信中奖信息。接到陌生电话涉及钱财的应及时挂断，对短信类的诈骗信息，应直接删除，不予理会（也可打"110"投诉诈骗电话号码）。

　信息链接

《学生伤害事故处理办法》（节选）

第一章　总　则

第一条　为积极预防、妥善处理在校学生伤害事故，保护学生、学校的合法权益，根据《中华人民共和国教育法》、《中华人民共和国未成年人保护法》和其他相关法律、行政法规及有关规定，制定本办法。

……

第五条　学校应当对在校学生进行必要的安全教育和自护自救教育；应当按照规定，建立健全安全制度，采取相应的管理措施，预防和消除教育教学环境中存在的安全隐患；当发生伤害事故时，应当及时采取措施救助受伤害学生。

学校对学生进行安全教育、管理和保护，应当针对学生年龄、认知能力和法律行为能力的不同，采用相应的内容和预防措施。

第六条 学生应当遵守学校的规章制度和纪律；在不同的受教育阶段，应当根据自身的年龄、认知能力和法律行为能力，避免和消除相应的危险。

……

话题二 防范网络诈骗

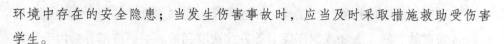

网络是信息极其丰富的世界，给我们的学习、生活带来便利和乐趣。网络的虚拟化和多媒体化使教学的内容和手段形象、生动。但网络也存在一些负面影响。网络诈骗是指以非法占有为目的，利用互联网采用虚构事实或者隐瞒真相的方法，骗取数额较大的公私财物的行为。因此，我们要增强自我防范意识，识别网络陷阱。

方法常识

· 假冒好友 骗子通过各种方法盗窃QQ账号、邮箱账号后，向用户的好友、联系人发送信息，声称遇到紧急情况，请对方汇款到其指定账户。如：骗子以QQ视频聊天为手段实施诈骗，在与网民视频聊天时录下网民影像，然后盗取其QQ密码，再用录下的影像冒充该网民向其QQ群里的好友"借钱"。

遇到此类情况，务必提高警惕，及时通过电话等方式联系到本人，确认消息的真实性，避免上当。

· 网络钓鱼 网络钓鱼是当前最为常见也较为隐蔽的网络诈骗形式。网络钓鱼，是指犯罪分子通过使用"盗号木马""网络监听"以及伪造的假网站或网页等手法,盗取用户的银行账号、证券账号、密码信息和其他个人资料,然后以转账盗款、网上购物或制作假卡等方式获取利益。主要可细分为以下两种方式:

一是发送电子邮件,以虚假信息引诱用户中圈套。犯罪分子以垃圾邮件的形式发送大量欺诈性邮件,这些邮件多以中奖、对账等内容引诱收件人在邮件中填入金融账号和密码,或是以各种紧迫的理由要求收件人登录某网页提交用户名、密码、身份证号、信用卡号等信息,继而盗窃收件人资金。

二是建立假冒的网上银行、网上证券网站,骗取用户账号、密码实施盗窃。犯罪分子建立起域名和网页内容都与真正的网上银行系统、网上证券交易平台极为相似的网站,引诱用户输入账号、密码等信息,进而盗窃资金。还有的犯罪分子利用合法网站服务器程序上的漏洞,在站点的某些网页中插入恶意代码,屏蔽住一些可以用来辨别网站真假的重要信息,以窃取用户信息。

遇到此类情况,首先不要在网上随意填写个人资料,开通网上银行业务应前往正规银行,登录正确的网页办理业务,避免上当受骗。

· 坚决远离校园贷 近年来,国家激励互联网金融创新的政策,为互联网金融释放出广大的发展空间,但也让部分打着普惠金融旗号的"网络高利贷"钻了政策的空子。因此出现了一些五花八门的网贷产品,随着"3·15"晚会的曝光,人们对于P2P、网络贷款平台、吸血贷、校园贷有了新的认识。

要识别出网贷中的陷阱,一定要找正规的平台办理贷款业务。

(图:防范网络诈骗)

信息链接

六大网购欺诈及防范措施

◎ 以虚假网购信息诱人汇款。不法分子在当地重点论坛和网上社区发布网购信息，吸引网民浏览该网站。在取得网民信任后，要求网民向指定银行账号汇款或转账。等网民发现上当后，通过此前公布的联系方式与不法分子联系时，却发觉自己被列入黑名单。

◎ 以便宜货为诱饵实施诈骗。不法分子在淘宝等大型网上交易平台开设网店，并放置特别便宜的商品，利用部分网民喜欢买便宜货的心理，将网民在大型网上交易平台的电子交易渠道转移到其设计的虚假网站进行电子交易。

◎ 利用"网上购物金卡"实施诈骗。不法分子通过在路上丢弃"网上购物金卡"的方式诱使贪图便宜的人上当。不法分子在"网上购物金卡"上面写明查询方式，如果拾到者照该方式在网上查询，卡上往往显示有大量余额，但这些钱只可以到指定网站购物。这其实是不法分子设下的一个"高级陷阱"，接下来不法分子会通过连环套骗局，骗取事主钱财。

◎ 利用QQ实施诈骗。不法分子在网上利用QQ寻找作案目标，向作案目标低价兜售有纪念和收藏价值的贵重物品，并承诺先交订金，余款待货到交款。爱好收藏的人往往禁不住"低价""纪念和收藏价值"的诱惑，甘愿冒险，试着订一套或两套，当把订金汇入对方账户时，就再也联系不上对方了。

◎ 克隆著名网站实施诈骗。不法分子将网页做得和著名网站几乎一样，但网址往往与著名网站只有一个字母之差，让人分辨不出真伪，使人不知不觉受骗上当。

◎ 拟制虚假中奖消息。不法分子冒充国内知名的游戏、购物、娱乐等大型网站或经营单位，向网站用户发送虚假中奖信息，谎称用户中了大奖，并提供一个和该网站网址非常相似的网址链接，要求用户上网确认。一旦用户点击该链接，就会登录到不法分子制作的假网站，按提示进行操作，就会显示用户确实中奖了，并要求用户拨打网站上留的"客服电话"，咨询领奖事宜。拨通电话后，不法分子就会冒充网站工作人员，以奖品邮寄费、奖金个人所得税、账户保险费等要求用户向其指定的银行账户汇款，而后便销声匿迹。

话题三 学会应急避险

我国是世界上自然灾害最严重的国家之一，灾害种类多、发生频率高、分布地域广、造成损失大。自然灾害的发生不可避免，意外事故的出现也总是让人猝不及防。具备充分的防灾减灾意识，掌握必要的防灾自救知识，采取科学的防灾避险行动，是减少灾害损失、保护自己和家人生命安全的有效途径。

方法常识

（一）嬉闹意外预防

集体活动时要服从安排，不擅自脱离集体或从事其他危险活动。举止文明，出入有序，上下楼梯礼让、慢行、靠右走，不推搡，不追逐打闹，不起哄。

（图：2022年韩国梨泰院踩踏事件）

发觉拥挤的人群向着自己行走的方向拥来时，应该马上避到一旁，但是不要奔跑，以免摔倒。如果到达楼层时有可以暂时躲避的寝室、水房等空间，可以暂避一时。切记不要逆着人流前进，那样非常容易被推倒在地。若身不由己陷入人群之中，一定要先稳住双脚。切记远离玻璃窗，以免因玻璃破碎而被扎伤。遭遇拥挤的人流时，一定不要采用体位前倾或者低重心的姿势，即便鞋子被踩掉，也不要贸然弯腰提鞋或系鞋带。如有可能，抓住一样坚固牢靠的东西，待人群过去后，迅速而镇静地离开现场。在拥挤的人群中，要时刻保持警惕，当发现有人情绪不对，或人群开始骚动时，就要做好准备，保护自己和他人。

如果出现拥挤踩踏的现象，应及时联系外援，寻求帮助，或赶快拨打110、120等。若被推倒，要设法靠近墙壁。面向墙壁，身体蜷成球状，双手在颈后紧扣，以保护身体最脆弱的部位。十指交叉相扣，护住后脑和颈部；两肘向前，护住头部。不慎倒地时，双膝尽量前屈，护住胸腔和腹腔重要脏器，侧躺在地。在拥挤的人群中，左手握拳，右手握住左手手腕，双肘撑开平放于胸前，形成一定空间保证呼吸。

（二）地震灾害预防

• **教室与寝室避震要点** 遭遇地震时，如果我们在教室或寝室的一楼，坐在离门较近的学生可迅速通过门窗逃至室外，离门窗较远的学生可就地靠墙根趴下避险。在楼房里的学生，遇地震时不可跳楼，应迅速找到可以构成三角区的空间躲避或就近躲在桌子旁边。

• **室外活动避震要点** 在室外，不要乱挤乱拥，可原地不动蹲下，双手保护头部。注意避开高大建筑物或危险物，不要立即回教室。

• **实训实习时避震要点** 在工厂实习时遭遇地震，如距离车间门较近，应迅速撤至车间外的空旷地避震。如距车间门较远，应迅速躲在墙角下、坚固的机器或桌椅旁，同时关闭机器的电源开关。对于生产易燃易爆品和强酸强碱的工厂，在地震发生的瞬间应迅速关闭易燃易爆有毒有害物品阀门和运转设备，防止火灾、爆炸、毒品外泄等次生灾害发生。

• **地震后自救要点** 若地震后被废墟埋着，则先要观察四周有无通道或光亮，分析判断自己所处的位置，从哪个方位最可能脱险；试着排除障碍，将双手从压塌物中抽出来，清除头部、胸前的杂物和口鼻附近的灰土，设法保障呼吸畅通，清除压在身上的物体，移开身边的较大杂物，以免再次被砸伤或吸入倒塌建筑物的灰尘而窒息，用砖头、木头等支撑可能塌落的物体。尽量将生存空间扩大，保证足够的空气。然后尽量朝着有光线和空气清新的地方移动，设法自行脱险。听到人声时，用硬物敲击铁管、墙壁等，发出求救信号。闻到煤气、毒气时，用毛巾、衣服或手等捂住口、鼻，避免吸入煤气、毒气。要保存体力，不要大声哭喊，要积极寻找食物和水，如果受伤，就想办法包扎，尽量少活动，树立生存的信心，积极等待救援。

（三）冰雪灾害预防

· **收听天气预报** 提前做好准备工作，应及时加固教室、寝室门窗。

· **注意防寒保暖** 在严寒中，头、手指、手腕、膝盖、脚踝都是最容易散失体温的裸露部分，这些部位应该充分保暖。应该将毛衣、背心塞进裤腰里保护腰部。在冰冷刺骨的地带要多运动，只要环境允许就要不停地动。

· **应对冰雪天气** 如上学路途中遭遇暴风雪，则先要选择干燥背风、向阳的地方藏身，避免骑车，以防滑倒跌伤。

（四）高温天气预防

· **做好防高温准备** 高温天气注意收听天气预报，饮食宜清淡；多喝凉开水、冷盐水、白菊花水、绿豆汤等。准备些常用的防暑降温药品，如清凉油、十滴水、人丹等。

· **室内早晚通风** 早晚可在室内适当洒水降温。如在户外活动，则可早出晚归，中午多休息。

· **衣着宽大舒适** 夏季炎热，衣服面料以通风透气性好、吸湿性强的织物为宜。外出时尽量穿棉、麻、丝类的衣服，少穿化纤类服装。衣衫被汗液浸湿后要及时更换。皮肤上的汗液要及时擦干，还应注意皮肤清洁，勤用温水洗脸洗澡。出汗后应用温水冲洗，洗净擦干后，在局部易出痱子的地方适当扑些痱子粉，保持皮肤干燥。

· **合理安排作息时间** 最佳就寝时间是22时左右，最佳起床时间是6时左右。夏季睡觉时注意不要躺在空调的出风口，以免患上"空调病"。空调温度应控制在26℃，室内外温差太大，反而容易中暑、感冒。

· **处理高温伤害** 晒伤皮肤出现肿胀、疼痛时，可用冷毛巾敷在患处，直至痛感消失。若出现水泡，不要去挑破，应请医生处理。

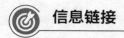 信息链接

汛期安全八提示

◎ 汛期旅游要注意安全,不要前往危险地区,特别是容易发生洪涝、山体滑坡、泥石流等地质灾害的旅游景区。

◎ 游泳时要注意防止溺水,切勿酒后游泳,也不要到江河水库等未知环境或有警告提示的水域游泳。

◎ 遭遇洪水来不及转移时,要立即爬上不易倒塌的房屋顶、楼房高层或高树、高地暂避。要注意用手电筒、哨子、锣、旗帜、鲜艳的床单等物品,及时发出求救信号。

◎ 在户外遇到雷雨天气时,要尽量躲避在安全的建筑物中,不要在大树底下避雨,不要拿着金属物品及接打电话,以防雷击。远离河流湖泊、稻田以及空旷地区,远离广告牌以及简易建筑物。

◎ 雨中行进避开灯杆、电线杆、变压器、电力线以及其附近的树木等有可能连电的物体。经过积水地区时,如发现有电线落入水中,必须远离并及时报告有关部门。

◎ 下雨时,不要靠墙行走或者行车、停车,因为墙体经过雨水的长时间浸泡,极有可能发生倒塌。不要靠近陡峭的山坡,避免遭遇滑坡等。

◎ 通过受淹道路和下穿式通道时,要注意观察水情,防止误入深水区或掉进排水口。洪水没有完全退却前,不要到易被淹没的地带活动,也不要去淹没地带围观。

◎ 洪水来袭要立即疏散人群。当被困家中时,可利用床、箱子、木板、衣柜、大块泡沫塑料等物品逃生。

话题四 调适心理健康

心理健康指心理的各个方面及活动过程处于一种良好或正常的状态。心理健康的理想状态是保持性格完好、智力正常、认知正确、情感适当、意志合理、态度积极、行为恰当、适应良好的状态。良好的心态是心理健康的一种表现，也是学生自身发展的必备素质。

方法常识

（一）和谐人际关系

·学会分享　要宽宏大量，不能斤斤计较；要懂得分享，与他人互通有无，包括娱乐用品和学习用品等。

·善于交流　不仅要经常与同学交流，而且要善于交流，这样既可以增进关系，也可以消除生活中的误会。交流时，要把握细节和交流方式，以免造成同学误解。交流的语言要简洁、清楚、连贯，不要让同学产生误会，不要用语言恶意侮辱、辱骂同学；不要随意根据同学的相貌、服饰和方言等给同学起"绰号"。倘若同学有不妥之处，则应婉转表达，不要随意指责，损害同学间的友谊。

·尊重同学　尊重同学的生活习惯，勿嘲笑同学的缺点。尊重同学的隐私，不得随意传播、翻阅和查看他人的笔记、日记、影像等私人物品。在未经他人允许的情况下，不得随意翻动、使用或丢掉他人物品。尊重少数民族同学的风俗习惯。

·积极"走出去"　"走出去"是人际交往的重要渠道，有利于发展和谐的人际关系。职校生要积极参加班级和寝室的活动，与同学和谐相处；要积极参加校、院和社团活动，向学长、学姐学习，在活动中寻找与同学交流的机会，发展良好的人际关系。

·乐于助人　乐于助人是中华民族的传统美德。如果自己的学习好，就应积极帮助"后进生"，分享自己的学习方法，帮助他们答疑解惑，演示实训操作要领。生活上要帮助有困难的同学，关心他们。

·合理竞争　要有正确的竞争意识，公平、合理地参与各项竞争活动，要取他人之长、共同进步，不采用阴险、歹毒的方法危害竞争对手；要坦然地对待竞争结果，不得用自己的优势耻笑、伤害竞争对手。

（二）学会心理调适

·树立正确的人生观、价值观和世界观　人生观、价值观和世界观是青少年行为的重要指导依据。职校生入学后应该明确今后的发展方向，制定科学的学习计划和职业规划，培养职业情感和职业素养，为升学、就业或创业奠定基础。

·克服心理障碍　职校生要不断地适时调整自己的心态：一要克服来自富裕家庭的优越感，不要认为自己可以凌驾于他人之上；二要克服来自贫困家庭、地域差异、生理缺陷或心理缺陷的自卑感，增强自己的自信心；三要正确分析自己的优点和缺点，要能够展现自己的优势，但不要总拿自己的长处去比他人的短处；四要养成良好的生活习惯，在日常生活中要保持优良的生活习惯，摒弃不良生活习惯，使自己更自信、自立、自强。

·不猜忌妒忌　对同学猜忌和嫉妒，不仅伤害了自己，也伤害了他人。其一，应认识妒忌的危害，不应追逐饮食、服饰及其他消费的档次，不嫉妒他人的才华和优势，不因嫉妒而伤害他人；其二，克服自私心理，不要事事以自己为中心、排斥同学，要拓宽心胸、海纳百川。

·与亲友交流　把自己不开心的事情或烦恼向他人倾诉，可疏解抑郁和压抑的心情；遇到自己无法解决的问题也可向同学、班主任、生活辅导员或其他老师诉说，共同分析问题，寻找解决方法。在学习枯燥的专业课程中，有不懂的问题可主动找专业课老师沟通，寻求帮助。如果心情郁闷的同学向你诉说心事，则要耐心聆听，积极疏导，共同探讨解决办法。

家庭是我们温暖的港湾。当我们遇到困难或不愉快时，应向父母倾诉，以减缓压力，调节情绪。

·寻求疏导和帮助　当心理障碍难以逾越时，可向学校心理咨询机构咨询，

向咨询老师吐露心声，取得帮助。也可以听音乐、深呼吸、参加体育活动、去操场散步，还可以去游览恬静的山村，让烦躁的心情慢慢平静下来。

（三）控制不良情绪

· 树立积极人生态度　当一个人不能尽情地发泄不良情绪时，会郁郁寡欢、闷闷不乐。有时一些悲观的情绪带给我们的只是烦恼。树立正确的世界观、人生观、价值观，保持乐观的人生态度，会有意想不到的结果。

· 排解不良情绪　人的情绪同时也受环境的影响，所以选择一个好的环境也很重要。例如：与朋友在一起聚会，还可以和朋友一起去踏青、爬山、旅行，欣赏沿途的风景。

· 学会幽默　幽默能够使人更加容易融入集体，从而使自己树立自信。

· 全面看待问题　人们在情绪失控的时候，对事情的看法往往是片面的，这时，我们应冷静下来，控制好情绪，换位思考，对事情作全面的分析。

（四）与同学和谐相处

· 每日三省吾身　如果你在寝室生活中感到比较孤独，就必须要反省了，是不是"以自我为中心"，凡事只顾及自己，不为别人着想，对他人不关心，不愿与人分享等。一些看似很小的事情，久了也会影响与同学的感情，要想与同学友好相处，就应该"勿以善小而不为，勿以恶小而为之"。凡事多为他人考虑。

· 学会大度和宽容　人无完人，金无足赤。每个人都有缺点和优点，重要的是正确地看待、分析自己和他人的优缺点，取人之长、补己之短。集体生活时不要为了些鸡毛蒜皮的小事而大发脾气，而对于同学不良的生活习惯，不妨开诚布公地跟他谈谈，同时，对于他人的建议也要虚心听取。

（五）学会交友

· 树立自信　交际能力是可以培养的，一个性格内向的人也完全可以有不错的交际能力。要对自己有信心，大方待人，不要紧张，放松一点，正常与人交流。在与同学的交往中，要敢于与人交谈，要昂首挺胸地迈出自信的步伐。

· 待人和善　交际交友重要的是多为别人考虑，对人要开诚布公、坦诚相待，让别人感受到你的诚意。如果你为人谦虚、待人和善，那么你会很受欢迎。

· 相互信任　信任是交友的基础。对人信任，是一种良好的心理品质，相互信任，会使彼此间距离越来越近，感情越来越浓厚。

·学会赞扬　每个人都有自尊心，每个人都需要被尊重。与他人交谈时，要学会赞美他人，真诚的赞美可以让他人心情愉悦。同时，要学会观察周围人的优点和长处。

·慎重交友　交友要交有益的朋友，远离有害的朋友。孔子说："益者三友，损者三友。"有益的朋友有三种：正直的人、诚信的人、知识广博的人。有害的朋友也有三种：谄媚逢迎的人、表面奉承而背后诽谤的人、善于花言巧语的人。

 信息链接

国家卫健委《心理健康素养十条》摘录

第一条：心理健康是健康的重要组成部分，身心健康密切关联、相互影响。

一个健康的人，不仅在身体方面是健康的，在心理方面也是健康的。心理健康是人在成长和发展过程中，认知合理、情绪稳定、行为适当、人际和谐、适应变化的一种完好状态。心理健康事关个体的幸福，家庭的和睦，社会的和谐。心理健康与身体健康之间存在着密切的关联。一方面，心理健康会影响身体健康。例如，消极情绪会导致个体的免疫水平下降。癌症、冠心病、消化系统溃疡等是与消极情绪有关的心身疾病。另一方面，心理健康也受到身体健康的影响。例如，慢性疾病患者的抑郁焦虑等心理疾病发病率比普通人群更高。长期处在较大的压力下而无法有效疏解，对心理健康和身体健康都会带来不良影响。

第二条：适量运动有益于情绪健康，可预防、缓解焦虑抑郁。

运动是健康生活方式的核心内容之一，对于心理健康也有帮助和益处。运动尤其是有氧运动时，大脑释放的化学物质内啡肽又称快乐激素，不仅具有止痛的效果，还是天然的抗抑郁药。太极拳、瑜伽等注重觉察和调整自身呼吸的运动有助于平静情绪、缓解焦虑。运动还可以提升自信、促进社会交往。坚持适量运动，每周三到五天，每天锻炼30分钟以上，对于预防和缓解焦虑抑郁更为有效。如有必要，可寻求医生和专业人员的帮助，根据自身情况制定运动方案。

第三条：出现心理问题积极求助，是负责任、有智慧的表现。

出现心理问题却不愿寻求专业帮助是常见而有害健康的表现。不愿求助的原因包括：认为去见精神科医生或心理咨询师就代表自己有精神心理疾病；认为病情严重才有必要就诊；认为寻求他人帮助就意味着自己没有能力解决自己的问题；担心周围的人对自己的看法等。其实求助于专业人员既不等于有病，也不等于病情严重。相反，往往是心理比较健康的人更能够积极求助，他们更勇于面对问题、主动做出改变、对未来有更乐观的态度。积极求助本身就是一种能力，也是负责任、关爱自己、有智慧的表现。出现心理问题可求助于医院的相关科室、专业的心理咨询机构和社工机构等。求助的内容包括：寻求专业评估和诊断、获得心理健康知识教育、接受心理咨询、心理治疗与药物治疗等。

……

话题五 常见疾病防治

学生在校期间可能会遇见低血糖、鼻出血、癫痫等疾病。本话题旨在帮助学生提高对疾病的认识，增强学生自我保健的能力。

方法常识

（一）低血糖

症状：通常表现为出汗、饥饿、心慌、颤抖、面色苍白等，严重者还可出现精神不集中、躁动、易怒甚至昏迷等。

治疗方法：病人神志清醒时，可给其饮用糖水，或进食含糖较多的饼干或点心。如病人出现神志不清、突发昏迷等，应及早将其送往医院。

（二）鼻出血

症状：可由鼻部疾病引起，也可由全身疾病所致。鼻出血多为单侧，少数情况下可出现双侧鼻出血；出血量多少不一，轻者仅为涕中带血，重者可引起失血性休克，反复鼻出血可导致贫血。

治疗方法：头前倾坐下，由出血侧向内压。以冰毛巾敷于鼻梁上方。隔10分钟放松，若仍出血，再压10分钟。止血后至少4小时内，勿再捏鼻子。若仍出血不止，立刻送医。

（三）癫痫

症状：轻者身体局部麻木，出现电刺一样的感觉，失神发呆，眨眼点头，吞咽咂嘴，语言中断，出现幻听幻觉，日发次数不等；重者突然倒地，意识丧失，口吐白沫，眼睛上翻，牙关紧闭，全身抽搐，两便失禁。

治疗方法：应立即使病人侧躺，防止病人将吐出的唾液或呕吐物吸入气管引起窒息。若病人嘴巴未紧闭，将手绢、纱布等卷成卷，垫在病人的上下齿之间，预防病人牙关紧闭时咬伤舌部。若病人牙关已紧闭，不要强行撬开，否则会造成病人牙齿松动脱落。解开病人的衣领和裤带，使其呼吸通畅。随后请校医到场，并根据病情判断是否送往医院治疗。

（四）哮喘

症状：哮喘表现为发作性咳嗽、胸闷及呼吸困难。部分患者咳痰，多于发作趋于缓解时痰多，常为白黏痰，质韧，有时呈米粒状或黏液柱状。轻者仅有胸部紧迫感，持续数分钟，重者会出现极度呼吸困难，持续数周或更长时间。

治疗方法：使病人坐起来，身体微向前倾，靠在手肘或手臂上，呼吸大量的新鲜空气。解开病人领扣，松开病人裤带，避免胸腹受压和不必要的搬动。同时鼓励病人多喝温开水，急救者可用手掌不断拍击病人背部，促使痰液松动易于咳出。经上述处理，病情仍无好转，则应迅速送病人去医院急救。

（五）骨折

症状：伤后出现局部变形、肿胀、淤血，伤口剧痛，移动肢体时可听到骨擦音。

治疗方法：骨折病人伤口如有出血，应先找干净的毛巾或布单包扎伤口，压迫止血。找木板、竹条、塑料棒等把肢体骨折部位的上下两关节固定。拨打120尽快送医院治疗。

信息链接

气道异物梗阻急救法——海姆里克腹部冲击法

对于有意识的患者，急救者首先以前腿弓、后腿蹬的姿势站稳，然后使患者坐在自己弓起的大腿上，并让其身体略前倾。然后将双臂分别从患者两腋下前伸并环抱患者。左手握拳，右手从前方握住左手手腕，使左拳虎口贴在患者胸部下方和肚脐上方的上腹部中央，形成"合围"之势，然后突然用力收紧双臂，用左拳虎口向患者上腹部内上方猛

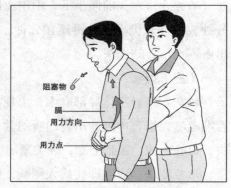

（图：海姆里克腹部冲击法）

烈施压，迫使其上腹部下陷。由于腹部下陷，腹腔内容上移，迫使膈肌上升而挤压肺及支气管，这样每次冲击可以为气道提供一定的气量，从而将异物从气管内冲出。施压完毕后立即放松手臂，然后再重复操作，直到异物被排出。

发生急性呼吸道异物阻塞时，如果身边无人，患者也可以自己采用腹部冲击法，手法与上相同，或将上腹部压向任何坚硬、突出的物体上，并且反复实施。

对于极度肥胖及怀孕后期发生呼吸道异物堵塞的患者，急救者应当采用胸部冲击法，姿势不变，只是将左手的虎口贴在患者胸骨下端即可，注意不要偏离胸骨，以免造成患者肋骨骨折。

对于意识不清的患者，急救者可以先使患者成为仰卧位，然后骑跨在患者大腿上或在患者两边，双手两掌重叠置于患者肚脐上方，用掌根向前、下方突然施压，反复进行。如果患者已经发生心搏停止，此时应按照心肺复苏的常规步骤为患者实施心肺复苏，直到医务人员到来。

海姆里克腹部冲击法虽然有一定的效果，但也可能带来一定的危害，尤其对老年人，因老年人胸腹部组织的弹性及顺应性差，故容易导致损伤的发生，如腹部或胸腔内脏破裂、撕裂及出血，肋骨骨折等。故在老年人出现呼吸道异物阻塞时，急救者应首先采用其他方法排除异物，在其他方法无效且患者情况紧急时才能使用该法。

拓展训练

建立和谐人际关系的训练

结合校园热点，组织一场辩论赛。其目的是丰富学生的课余生活，让学生学会与人交往、语言表达、控制情绪。

◎ 拓展目标

通过辩论赛，教会学生建立和谐的人际关系。

◎ 拓展方法

首先按辩论题目分小组，然后由学生小结，最后由老师总结。

◎ 拓展过程

1. 结合时事热点，拟定辩论题目。

辩论参考题目：

（1）校园内，班级某同学爱上网，不愿意和同学交流，与同学关系紧张。在同学的多次帮助下，该生仍然我行我素。对此种情况，你认为应该怎么去交流？

（2）有些学生经常在网络上看武侠剧、情感剧等，甚至模仿剧中人物性格，认为很有"个性"，并把"个性"带入校园生活。你认为校园生活应该培养这种"个性"吗？

（3）有人认为朋友是快乐的源泉，是校园生活的绿色之洲。俗话说："朋友多了路好走。"因此，校园生活中出现了很多老乡会、同学会。有人认为朋友多了，不仅影响学习，还影响自己的生活，只交几个知心朋友就可以了。那么，我们应该广交朋友，还是就交几个知心朋友呢？

2. 根据拟定的辩论题目，将学生分组，设正方与反方。

3. 要求学生自行组织材料，语言表达清楚、简洁，观点鲜明，具有说服力。

4. 老师针对学生的辩论发言，总结交际交友、语言表达、控制情绪的方法和要求。

实践活动

校园安全事故调查活动

◎ **活动目标**

认知目标：了解校园安全隐患的类型，知道校园安全的重要性。

能力目标：通过对校园（包括班级）安全事故的调查，安全隐患的排查，以及各种安全活动的演练，引导学生设计和制作安全警示标志，培养学生收集信息和处理信息的能力。

情感、价值观目标：培养学生在校的安全意识和自我保护意识，使学生能及时发现潜在的安全隐患，防止意外伤害事故的发生。增强学生的主体意识，引导学生主动参与校园安全的管理，共建平安校园。

◎ **活动形式与要求**

通过对校园（包括班级）安全事故的调查，安全隐患的排查，以及各种安全活动的演练，引导学生动脑、动手，设计和制作安全警示标志；通过活动演练让学生切身感受，掌握一些自救办法，增强学生参与校园安全管理的责任意识，为创建平安校园作出一份贡献。

◎ **活动准备**

教师：

搜集有关校园安全的资料（文字、图片、视频等）。

学生：

填写《学校安全隐患调查表》。

◎ **活动实施**

1. 确立研究课题，制定切实可行的活动计划。
2. 根据搜集到的有关校园安全的资料，总结分析。
3. 排查校园安全隐患。
4. 收集、了解校园安全警示语和安全知识。
5. 制作安全警示标志。
6. 组织安全演练。

◎ **活动评价**

让学生在实践活动的过程中增强安全意识，提高安全自救技能，丰富安全自护知识，让安全教育真正走进课堂，走进学生心里。

第五讲
学习与要求

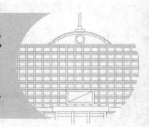

学习目标

了解和掌握合理的学习方法和要求，在学习中及时调整自己的学习方法，提高自己的学习能力。

关于学习的概念有狭义和广义之分。狭义的学习指人们通过阅读、听课、观察、练习、实践等手段获得知识或技能的过程。广义的学习是人们在生活中，通过获得经验而产生的行为或行为潜能的行为方式。俗话说："活到老，学到老。"学习是一种习惯，是一种生活方式，也是一个持续发展的过程。学习可让我们与众不同，会让我们充实和快乐，也让我们不断成长和进步。

导读感悟

俗话说："学习犹如逆水行舟，不进则退。"对于刚刚迈进职业学校大门的我们，学习既是社会的需要，也是个人成长的需要。我们要不断地学习，提高自身的素质，将学习当作一种精神追求、一种生活方式，做一个学习型的专业人才。

典型案例

小陶，在生活上不太注意细节，自我意识比较强，不乐于与人交往，人际关系有些紧张；在学习上，上课时精力不集中，老师讲课时他总是听不进去，总想着学习以外的事情，比如游戏怎么冲关，周末去哪玩，玩手机、看小说等。一学期下来，小陶落下很多课程，还挂科了，他感觉很苦恼，他自述道："都不知道未来的大学生活该如何度过了，一个朋友也没有，这样下去

3年的大学生活我将什么也学不到,将来我怎么找工作……"

话题一 学习有关建议

职业学校的课程结构、培养目标、教学模式、培养模式等特点决定了其与普通初中学习的不同,明确这一点,学生要早做准备,只有这样,才能更快、更好地适应职业学校的学习。

 方法常识

(一)了解学习的课程

·**认识公共基础课的实用价值** 学生学习公共基础课程中的德育课,语文、数学、外语(英语)、计算机应用基础、体育与健康、公共艺术课等必修课,应达到国家规定的基本要求。物理、化学、生物等课程,也作为公共基础课被列为必修课或选修课。职业学校新生要充分认识到公共基础课的实用价值及对自己的意义,要把部分实用性强的公共基础课(例如外语)当成专业课来学习。

·**明确专业技能课的学习目标** 专业技能课的任务是使学生掌握必要的专业知识和比较熟练的职业技能,提高学生就业、创业和适应职业变化的能力。

不同专业的学生有不同的专业课。学习专业课,要求学生紧密联系生产实际和社会实践,注意与相关职业资格考核要求相结合。

·**掌握实训实习课的要领** 实训课是职业学校技能课程的重要组成部分,学习实训课就是将理论转化为技能的过程,是提高动手能力、创造能力及独立工作能力的有效途径。上实训课的关键在于掌握要领,能否上好实训课对于学生以后能否胜任岗位工作有一定的影响。上好实训课应注意以下几条要领:

1. **安全第一** 在整个实训课中,要听从指挥,规范操作,增强安全意识,在保证人身与财产安全的前提下训练技能，提高技能水平。

2. 以练为主　所有实训课都应当多练、多做，只有通过不断训练，才能掌握技能。

3. 注意效率　在实训过程中应充分利用时间，尽量减少原材料的消耗，尽最大努力，提高实训效率，争取在最短的时间内、最少的原材料消耗下，掌握更高的技能。

4. 主动创新　在严格遵守操作规程的前提下，应认真模仿，大胆尝试，掌握技术要点，攻克操作难点。要用心动脑，主动创新，提高效率、效益，争当技术能手。

（二）重视选修课的作用

· 选修课不是"捞取"学分　职业学校开设公共基础选修课和专业技能选修课可以让学生开眼界、长见识，扩大学生的知识面和专业面。选修课的学习要求与必修课相比不太严格。要杜绝学生为了"捞取"学分选修某些课程，"选而不修"的现象。

· 不限于自己的专业　为拓宽学生的就业或升学渠道，很多职业学校支持学生辅修第二专业。有的学校会在第二学年给部分学生重新选择专业的机会，有的学校在学生学完两年基础课时再细分学科大类之中的专业攻读方向。学生可以根据自己的实际情况和学校的条件作出选择。

信息链接

《教育部关于深入学习贯彻〈国家职业教育改革实施方案〉的通知》（节选）

党的十八大以来，以习近平同志为核心的党中央把职业教育摆在了前所未有的突出位置。李克强总理就深化职业教育改革作出重要批示，提出明确要求。"职教20条"明确职业教育和普通教育是两种不同的教育类型，具有同等重要地位。教育战线要切实把思想和行动统一到党中央、国务院决策部署上来，推动职业教育改革不断深化。

《教育部关于深入学习贯彻〈国家职业教育改革实施方案〉的通知》

话题二 讲究学习方法

正确的方法是成功的三要素之一，如果只有刻苦努力的精神，没有正确的方法，那么也是不能取得成功的。法国的物理学家朗之万道出了学习方法的重要性："方法的得当与否往往会主宰整个读书过程，它能将你托到成功的彼岸，也能将你拉入失败的深谷。"

方法常识

其实，职业学校的课程并不好"对付"，学生在毫无准备（预习）的情况下听老师讲课，顶多只能理解简单的东西，想要做到彻底理解也有一定难度。

课堂（理论教学与实践教学课堂）学习过程主要包括预习、听课、复习、写作业等多个环节，只有合理把握，才能收到良好的效果。

大部分职业学校都建设了教育教学资源平台，职校生可通过网络学习微课、慕课、雨课堂等平台的内容，提高学习效率。

（一）做好预习准备

· **认识预习的重要性** 很多同学只重视课堂上的认真听讲和课后的作业，而忽视课前预习。课前预习可以扫除课堂学习的知识障碍，提高听课效果；还能够巩固已学的知识，最重要的是能发展自学能力，减少对老师的依赖，增强学习的独立性。

· **通读新内容** 学新课前，最好先把教科书通读一遍，在不甚了解的地方作个记号，上课时就针对这些疑点认真听讲或提出问题。然后，研究课后的问题或习题，尝试将它们解答出来，上课时再将答案与老师讲解的正确答案对照。接着，运用参考材料，将后面几课没有学过的内容再进行一次预习，能做到这一步，不仅会增加预习的兴趣，还会提高预习的效率。

· **温故而知新** 自己在预习过程中会遇到许多不明白的地方，可立刻回过头复习以前相关的部分，所以"预习"本身就包含大量的"复习"因素。同时，预习也可以加强新课课堂笔记的针对性，改变学习的被动局面。

教学研究证明：学生如果不预习，上课能听懂50%～60%，而预习后能听懂80%～90%。

（二）积极主动听课

· **集中注意力听课** 集中注意力听课是非常重要的，上课听讲一定要把老师在讲课时的思维方法理解清楚。一般可从这些方面思考：教材的重、难点在什么地方，老师为什么这样处理教材，老师讲的内容自己是否真正懂了，老师讲的与自己想的有什么不同。上课时如果心不在焉，则必定"视而不见、听而不闻、食而不知其味"。

有一些学生认为：上课听不懂没有关系，反正有书，课下可以看书。有这种想法的同学，听课时往往不求甚解，或者稍遇听课障碍，就不想听了，结果浪费了课上的宝贵时间，增加了课下的学习负担，这也是一部分同学学习负担重的重要原因。

· **听课要做到"五到"** 这就是指耳、眼、口、手、脑都要动起来，多种感觉器官并用，多种身体部位全部参与，获得综合的、立体的感受。耳到：听老师讲，听同学发言、提问，不漏听、不错听；眼到：看课本，看老师的表情、示范，看展示、板书，看优秀同学的反应；口到：口说，包括复述、朗读、回答问题；手到：做笔记、圈重点、批感想、做练习；脑到：动脑筋，心力集中、积极思考。

· 带着问题听课　真正的"上课"，就是把自己事先学过或思考过，但又不怎么理解的问题，放在课堂教学的有限时间里去求得解答的过程。所以要带着问题去听课，边听边思考，发现不懂的问题要记录下来，待下课后再思考或请教同学、老师。在由被动学习转化为主动学习的过程中，逐步加深对知识的认识和理解。以思促听，能知其然也能知其所以然。

· 抓住重点听课　听课时要跟着老师的思维走，通过听老师讲解，弄懂每一个知识点和技能点中的概念、定义、定理、公式、操作要领和技术关键，而不应死记硬背。跟老师思维的目的是抓重点，更重要的是抓自己个性化的重点，抓自己预习中的不懂之处。当堂没听懂的知识应当堂问懂、研究懂。只有不断在老师的点拨指导下解决学习中的问题，才能逐步提高自己的学业水平。如果在每节课前，学生都能自觉要求自己"力求当堂掌握"，那么听课的效率就会大大提高。

· 做好课堂笔记　无论书写速度多么快的人，都不可能把老师所讲的话全部记录下来，这就必须借助于符号帮助自己记录。我们没必要全盘记录老师的讲课内容，只需记重点、记难点。可在重点语句下打着重号、波浪线或加三角号，疑难问题可打问号，只要自己懂得、习惯用的各种有利于记忆的符号都可运用。

（三）做好复习工作

· 及时复习　及时复习的优点在于可加深和巩固对学习内容的理解。有研究证明，识记后的两三天，遗忘速度最快，然后逐渐缓慢下来。因此，对刚学过的知识，应及时复习、"趁热打铁"。可先把课堂上学过的内容温习一遍，然后把课堂上学过的重点整理在笔记本上，这并不需要花费太多时间。忌在学习之后很久才去复习，这样，所学知识会遗忘殆尽，复习就等于重新学习。

· 巩固练习　巩固练习是提高学习效果切实可行的好办法。复习好当天的所学内容后，应及时做作业进行巩固练习或实践训练。知识有没有记住、记到什么程度，技术有没有掌握、能否应用、应用的能力有多强，这些学习问题，都要在做作业和实践时才能得到及时检验。实际上，不少同学正是通过做作业，把容易混淆的概念区别开来，更灵活变换公式，更熟练操作技术。所以说做作业能促进知识的"消化"。作业题和实训题一般都是经过精选的，有很强的代表性、典型性，应定期分类整理，作为复习时的参考资料。此外，抄袭他人作业是对自己极不负责任的行为，应该坚决避免。

（四）认真应对考核

教育管理部门或职业学校会对学生的学业组织考核，考核除纸笔形式外，还会根据测试内容需要，采用计算机上机考试、实践技能操作或面试等形式。下面主要介绍学生应对纸笔考核时需注意的问题。

·浏览试卷　接到考卷后，先写好名字、考号等，然后用两三分钟的时间大体上浏览一下题目，主要是看题目类型，区分难易，做到心中有数。

·认真做题

1. 认真审题　审题要做到：一不漏掉题；二不看错题；三要看准题；四要看全题目的条件和要求。要细而又细、"咬文嚼字"、反复推敲。尤其是看较容易的题目时，更要字字认准、句句看清、严防错觉。有些题目似曾相识，但要严防疏忽大意造成失误。

2. 先易后难　开始考试时，先做自己有把握的"小题"，增强自信心，待心情逐渐稳定，再做较难的题。"容易题，容易错"。在容易题上得分与失分往往就在于仔细与不仔细。难题对你难，对别人也同样难。遇到一时不会的难题，做个记号，留在最后做。做难题时，要注意回忆基本概念、公式、定理、老师在课堂上的分析和老师教给的解题方法。如果想不起来，就先放一放。遇到想不起来的题，不要冥思苦想，把此题放一放，先去做别的题目，有时遗忘的内容会突然"再现"。如果回过头再想仍然想不起来，则可以想一想与遗忘内容相近的知识或有联系的知识点，通过联想，解决问题。

3. 先思后写　力求一遍成功。答题时应认真仔细，力求一遍成功。不能总想着"反正要检查"。调查表明：绝大部分同学的检查都查不出真正的错误。

4. 抓住要点　宁简勿繁。在答没把握的题时，首先要分清此题包括几个要点，依据要点，简略概括。

5. 学会打草稿　计算题和应用题少不了要打草稿，有经验的学生总是把草稿纸折叠分成几个板块，按题目序号排列。这样一来，既不会误抄、遗漏，又为检查提供了方便。

6. 运筹时间　在正常情况下按时间的多少安排答题，步步为营、稳扎稳进。如果因意外，出现时间少、试题多、无法正常解题的情况，则不妨采用应急的方法：对题目只做提纲式简要阐述，不作详细阐述，以便不留下空白题目。

·细心检查　检查是每次考试都不应忽视的一个环节。检查要求学生冷静，从原有的思路中解脱出来，从当事者变为旁观者，对试卷作仔细审查。检查的目的在于尽量避免失误分。检查时要注意三点：一是重新审题，审题不细心是造成失误分的主要原因；二是检查关键点，实际上，一道题只有两三个关键点易失分；三是还要检查是否有漏题现象。

信息链接

《全面加强和改进新时代学生心理健康工作专项行动计划（2023—2025年）》（节选）

促进学生身心健康、全面发展，是党中央关心、人民群众关切、社会关注的重大课题。随着经济社会快速发展，学生成长环境不断变化，叠加新冠疫情影响，学生心理健康问题更加凸显。为认真贯彻党的二十大精神，贯彻落实《中国教育现代化2035》《国务院关于实施健康中国行动的意见》，全面加强和改进新时代学生心理健康工作，提升学生心理健康素养，制定本行动计划。

《全面加强和改进新时代学生心理健康工作专项
行动计划（2023—2025年）》

话题三 培养学习兴趣

我国最早的教育家孔子在2000多年前就曾说过:"知之者不如好之者,好之者不如乐之者。"心理学研究表明,兴趣是人对事物的一种向往、迷恋、积极探索和追求的心理倾向。兴趣是一种特殊的意识倾向,是学习的情感动力,是求知欲的源泉。学生对学习产生兴趣,就会积极主动地去"寻幽探胜"。所以,要激发和培养学生的学习兴趣。

 方法常识

(一)以多种渠道激发学生课堂学习的兴趣

· 通过各种方法做好课前"热身"活动 好的课堂导入可以创造各种情境,激发学生的主动性和创造性。刚上课时,学生思维没有转换过来,注意力不集中。老师可以通过一句幽默的话语吸引学生的注意力,既可拉近老师与学生之间的距离,还可活跃课堂气氛,创造良好的教学氛围。课堂一旦出现了"心有灵犀一点通"的局面,就具有了很强的凝聚力、吸引力和感染力。

· 优化教学过程 在课堂教学中,老师如何抓住中心,在学生注意力集中的时间内完成新课的教学,是把握这一环节的关键。所以,新课的讲解就是要求老师通过简练的语句,准确无误地抓住关键环节,运用生动有趣的语言突破难点,讲清重点,使学生顿悟。要让学生明确学习的目标,独立探索新知,引导学生自己发现并提出问题,积极参与教学过程。

· 让学生体验成功的乐趣 每个人都有成功的欲望。苏联教育家苏霍姆林斯基说过,学生课堂学习的兴趣来自于"学生在学习中能够意识和感觉到自己的智慧和力量,体验到创造的欢乐"。激发学生学习兴趣最根本的方法就是让他们享受到成功的欢乐。老师在课堂教学过程中,多方面为学生创造条件,充分寻找学生的闪光点，给予鼓励。老师还应充分尊重学生，给学生以安全感和成就感。

（二）培养学生在课堂外学习的兴趣

·广泛开展课外活动，在活动中提高学生的学习兴趣　课外活动通常是开展教育的重要场所，其优点是可以将学生在课堂上学到的东西运用于实际，发展学生的兴趣爱好，锻炼学生独立思考和动手的能力。学生对某项活动产生兴趣之后，就会主动参与其中。因此，要结合教学实际，创造条件激发学生参与课外活动的兴趣，指导学生开展形式多样的兴趣活动。

·引导学生参与社会实践，充分展示才能　"外面的世界很精彩"，让学生关注社会，让学生积极参与社会实践，让学生把获取知识的途径从课内走到课外，是提高学生学习能力的有效方法。

 信息链接

《就读职业学校是将就还是成就》（节选）

虽刚开学不久，但对于孩子即将面临中考的家庭，似乎并不轻松。

看着对学习提不起兴趣的儿子，卢兴的担心一点点聚集。"现在普职比1∶1，如果不努力，孩子连高中都上不了，只能去职业学校，未来会在哪里？"

卢兴也是慢慢才了解，上高中并不是想象中那么简单。现在国家的政策是"坚持普职比例大体相当，适度扩大中职招生规模"，"把高中阶段教育招生的增量主要用于发展中等职业教育"。

中考，人生路上一个分水岭：一部分人上高中，继续普通教育之路；另一部分人会走上职业教育之路——

《就读职业学校是将就还是成就》

话题四 提高学习效率

学习效率的高低，是一个学生综合学习能力的体现。进入社会后，我们还要在工作中不断学习新的知识和技能，这时，学习效率的高低则会影响工作成绩，继而影响事业和前途。因此，在职业学校养成好的学习习惯，提高学习效率，对学生的职业发展都大有益处。

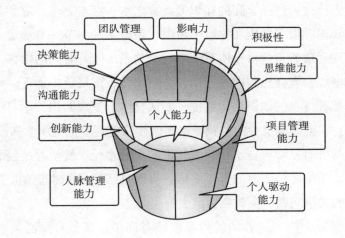

方法常识

（一）养成良好的学习习惯

叶圣陶说过："教育就是培养习惯。"学习习惯是在学习过程中经过反复练习形成并发展，成为一种个体需要的自动化学习行为方式。良好的学习习惯，有利于激发学生学习的积极性和主动性；有利于学生形成学习策略，提高学习效率；有利于培养学生的自主学习能力、创新精神和创造能力，使其终身

受益。

・按计划学习的习惯　学生在学校的主要任务是学习。学生应该制定比较全面的学习计划，并按计划进行学习。计划可以调整，但不可放弃。计划应该包括每天的时间安排、考试复习安排和双休日、寒暑假安排；计划要简明，要规定什么时间干什么，达到什么要求，这样的学习就会有的放矢。

・讲求学习效率的习惯　有些同学平时看书、写作业心不在焉，算算时间倒是消耗很多，但效率不高。原因就是没有形成专时专用、讲求效率的习惯。一旦你坐到书桌前，就应该进入适度紧张的学习状态。每次学习之后，要评价自己学习的效率如何。坚持下去，就能形成专时专用的好习惯。做到该学时学，该玩时玩。

・善于思考的习惯　学习，最忌讳一知半解。要想学习好，就必须养成独立钻研、善于思考、务求甚解的习惯。学习最忌死记硬背，不论学习什么内容，都要问为什么，这样学到的知识似有源之水、有本之木。应学会站在系统的高度把握知识。很多学生在学习中习惯于跟着老师一节一节地走、一章一章地学，不太注意章节与学科整体系统之间的关系。随着时间的推移，我们所学的知识不断增加，就会感到内容繁杂、头绪不清、记忆负担加重。事实上，任何一门学科都有自身的知识结构系统，要从整体上把握知识，学习每一部分内容都要弄清它在整体系统中的位置，这样做往往更容易把握所学知识。

・自学钻研的习惯　自学是获取知识的重要途径。就学习过程而言，老师只是引路人，学生才是学习的真正主体；只有自己努力，才能真正提高学习效率。学习中的大量问题，主要靠自己去解决。

我们在学习中应当培养的优秀习惯还有许多，诸如有疑必问的习惯、有错必改的习惯、动手实验的习惯、细致观察的习惯、积极探究的习惯、练后反思的习惯等。我们只有养成良好的学习习惯，学习才会变得轻松，学习的效率才会不断提高。每位学生都应认真地作一次反思，看看自己的学习习惯究竟如何。

（二）提高自己的学习效率

学习效率是学习的投入和产出比。其中，学习的投入是指学生在学习过程中所付出的所有代价，包括学习所花费的时间和精力；学习的产出是指学生在学习活动中的实际学习成果。

・明确学习目的　学习目的是学生学习的动力，目的越明确，越有利于学习成绩的提高，也有利于学习兴趣的培养。一个人做任何事情首先要弄清楚为什么要这样做，在没弄明白其中的道理之前，不应盲目行动，学习也不例外。

・弄懂学习内容　懂了并不代表你会了。学生上课听老师讲解听懂了，阅读教科书读懂了，有的只是明白了其中的道理，若要自己独立再复述一遍，则不一定能做到。许多学生学习之所以费力，成绩上不去，主要是一开始对概念的理解不重视，课后只是为了完成老师布置的任务去做作业，满足于一知半解，完成作业即完事大吉，随着学习的深入，就感到越来越吃力。还有一些学生常常满足于听懂了、看懂了，很少再动手去做几遍，不注意课后的复习与练习，日积月累，问题逐渐增多，等想学了，才发现为时已晚，学不会了。

・应用所学知识　想考一个好成绩或熟练掌握技能，只完成规定的作业是不够的，还要多做练习。只有做大量的习题或实训，才能融会贯通。加大练习量，并不是搞题海战术或单调实训，而是在学习过程中，对学习的内容加深理解的必要步骤。如果只是为做题而做题，为实训而实训，则不仅达不到做题的目的和效果，而且没有那么多时间。此外，做练习和复习的过程，是对学习内容加深理解的过程，每做一道题和每进行一项实训，都要想想用的是哪一个概念、哪一条定理、哪一个公式，解题和操作的步骤是什么，先做什么，后做什么，再做什么，这样才能举一反三、事半功倍。

・养成认真、仔细的习惯　许多学生平时的学习成绩还不错，但在考试、实操或技能大赛时常常由于马虎出错而丢分，所以总得不到高分。粗心大意、马马虎虎是一个非常不好的习惯，往往使得学生丢了该得的分，拿不到好分数。更为严重的是，学生如果不注意及早改正，将来在工作中出了差错，就可能会给集体和个人造成重大损失和严重后果。

认真、仔细不仅是做完题目或实操实训后要认真检查，而且是要养成争取一次就做"对"的习惯。在考场和技能大赛的赛场上，我们经常没有时间检查。平时养成认真仔细的习惯，不仅可以提高考试成绩，还可以帮你提高学习效率。更重要的是，好习惯将会伴随你的一生，给你带来许多意想不到的好处。

・领悟学习所得　悟，就是学有所得，在学习的过程中，经过反复思考，形成自己独特的见解。我们在学习时，要学习前人总结的经验，更重要的是要形成我们自己的观点。如果我们能把从不同的角度观察总结出来的知识连接起来，形成一个整体的概念，从而找出其中的规律，形成自己的观点，那么这些知识就变得简单了，题目就变得容易了，而这个寻找规律的认识过程，就是悟的过程。悟的过程贯穿于整个学习的过程之中。因此学习时，应是一边思，一边悟，积小悟为大悟，积浅悟为深悟。提高学习效率，进而提高学习成绩。

信息链接

《教育部关于职业院校专业人才培养方案制订与实施工作的指导意见》（节选）

专业人才培养方案是职业院校落实党和国家关于技术技能人才培养总体要求，组织开展教学活动、安排教学任务的规范性文件，是实施专业人才培养和开展质量评价的基本依据。党的十八大以来，职业教育教学改革不断深化，具有中国特色的国家教学标准体系框架不断完善，职业院校积极对接国家教学标准，优化专业人才培养方案，创新人才培养模式，办学水平和培养质量不断提高。但在实际工作中还一定程度存在着专业人才培养方案概念不够清晰、制订程序不够规范、内容更新不够及时、监督机制不够健全等问题。为落实《国家职业教育改革实施方案》，推进国家教学标准落地实施，提升职业教育质量，现就职业院校专业人才培养方案制订与实施工作提出如下意见。

《教育部关于职业院校专业人才培养方案
制订与实施工作的指导意见》

话题五 提升素质能力

职业教育的目标是提高准劳动者的综合素质，提升综合素质的目的主要是提升职业能力。这里所说的"职业能力"是所有职业所需的、通用的能力。例如：正确的思想品德、基本的科学文化素养、适应社会需要不断学习的能力；独立获取职业知识、发展自己的职业能力；正确处理各种关系、充分地表达、交流问题的能力；健康的身心素质；良好的竞争意识和创新能力；高度的社会责任感和良好的环境适应能力；熟练的岗位工作能力等。因此，职校生在日常学习和生活中要加强学习，不断提升自己的素质能力，为以后就业打下坚实基础。

 方法常识

（一）技术技能型人才与高素质劳动者的要求

· 具有良好的职业道德　道德和知识组成了人生的坐标系，道德素质好比横坐标，知识水平好比纵坐标，人生的起点就好比坐标原点。被社会承认的人才，必须是为社会发展作贡献的人。所以，高素质技术技能型人才一定具有良好的职业道德和丰富的知识。

· 具有专业知识与实践技能　所谓"高素质技术技能型人才"不是全才，而是具有某一专业的基础知识和实践经验的人才。知识是成为人才的基础，作为某一方面的专业人才，首先应具备那一方面专业的基础知识。如果仅有书本知识而缺乏实践经验，或者仅有实践经验而缺乏系统性的专业知识，都不可能成长为高素质技术技能型人才。

· 具有适用的工作岗位　任何人都只有在适用的工作岗位上才能充分发挥作用，离开了适用的工作岗位，任何人都很难成为人才。强调适用的工作岗位,不仅要求用人者从用人所长的角度考虑问题,也要求求职者积极主动地去适应工作岗位。

·具有高度的责任感　许多人自恃为人才,大事做不好,小事又不做,最终找不到适用的工作岗位,只有怨天尤人。高度的责任感,是一个人的自觉表现,它不需要任何客观条件和外力的作用,就能自觉积极主动地表现出来。

·具有强烈的事业心　人的一生是宝贵而短暂的,我们要在有限的人生中实现个人价值和社会价值。只有具备强烈事业心的人,才可能在平凡的工作岗位上,作出不平凡的业绩。

(二)如何成为一名技术技能型人才和高素质的劳动者

·道德高尚　"做事先做人"。道德,就是做人的规矩,是用来调整人与人之间、个人与社会之间相互关系的行为规范,它是一种精神财富、无形的东西。一个人的道德是否高尚,主要看他是不是诚实守信,有无崇高的人格。自古以来,道德高尚的人,他一定是用自己的双手去劳动、去创造、去获得财富。

·加强学习　学习是一辈子的事情。要提高自己的综合素质,就必须加强学习。在学习上要善于"钻空子",要学会学习,探索解决问题的新途径和新方法。在此基础上,要丰富学习的内容,不但要学习专业知识,也要学习法律、法规,而且要学习经济知识、人文历史知识、科技知识、现代办公技术知识等,从而提高综合素质。

·善于思考　一个人要高效率、高质量地学习,就必须善于思考,要有明确的思路和科学的方法,从多个角度进行考虑,选出一种最优的学习方法。"择其善者而从之,其不善者而改之"。要增强比较意识,做到在比较中识别长短,在比较中鉴别优劣,在比较中开拓创新。一方面,要做好"纵比",也就是要把今天的自己同昨天比,现在的自己同过去比,看自己学习得怎么样,都有哪些变化,有哪些进步,有哪些需要改进的地方。另一方面,要做好"横比",要善于把自己同他人进行比较,通过比较学习和借鉴别人的经验,做到"以人为鉴,而知得失"。

·日积月累　"日日走能行千里,时时学能破万卷"。要注意在平时的学习和生活中的积累,要像电脑一样不断贮存各类信息,一旦需要的时候,就能很快"调得出""用得上"。做到厚积薄发,途径主要有两条:一是直接积累，就是通过在学习和生活中，不断积累经验；二是间接积累，就是通过书本、网络等多种途径，广泛涉猎新知识，扩充自己的知识储备。不管是哪一种积累，都要按照"去粗取精、去伪存真、由此及彼、由表及里"的方法，善于提炼，从中找到最优的资源，发挥最大的效益。"吃一堑、长一智"。总结既是学习的重要环节，也是学习的综合、分析、归纳、概括、提炼的过程，更是发现问题、研究问题、解决问题的过程。

 信息链接

劳动者的素质和职业能力

1. 劳动者素质　素质是个体稳定的内在品质。劳动者素质是指劳动者在一定生理和心理条件的基础上，经过教育、劳动实践和自我修养等途径形成和发展，并在生活中发挥重要作用的内在基本品质。

劳动者素质主要包括良好的思想道德素质、基本的科学文化素质、过硬的专业技能素质和强健的身体与心理素质等。

劳动者综合素质是指劳动者的知识水平、道德修养、各种能力（人的适应能力、生存能力、组织能力、文字表达能力、社交能力、实践能力）以及劳动者在体育、文艺、语言等方面的综合素养。劳动者综合素质的全面提高是社会发展的一般要求。

2. 职业能力　职业能力是人们从事其职业的多种能力的综合。它可以被认为个体将所学的知识、技能等在特定的职业活动或情境中进行类化迁移与整合所形成的能完成一定职业任务的能力。

职业能力主要包含三方面基本要素：一是指为了胜任一种具体职业而必须要具备的能力，表现为任职资格；二是指在步入职场之后表现的职业素质；三是指开始职业生涯之后具备的职业生涯管理能力。

职业兴趣或许能决定一个人的择业方向，以及在该方面所乐于付出努力的程度，那么职业能力则能说明一个人在该职业中取得成功的可能性。

拓展训练

谈谈你的学习方法

◎ **拓展目标**

组织学生总结交流学习方法，讨论如何提高学习效率。

◎ **拓展方法**

组织学生反思、总结自己的学习方法；上网收集、学习别人的好的学习方法。

◎ **拓展过程**

1. **课前**

将班级学生分若干小组，老师布置任务：

（1）总结、反思自己在初中成绩不理想与学习方法有何关系。

（2）上网查找、学习别人介绍的好的学习方法。

2. **课中**

（1）小组内讨论、交流、总结学习成绩与学习方法的关系。

（2）每小组派一名代表到讲台上给大家说一说。

（3）小结：老师评价、总结、补充发言。

3. **课后**

完成作业：读一本书（关于如何提高学习效率、掌握正确的学习方法等方面的书）。

实践活动

鼓励学生主动参与实践活动

◎ **活动概述**

开展实践活动使学生体会动手能力的重要性，鼓励学生主动参与实践活动。活动前老师先熟悉绳子打结的正确方法，以便在活动中能为学生演示。根据学生组数准备活动所需要的绳子。活动结束后，让学生思考是否还有其他的打结方法，可以自己进行尝试。

◎ **活动目的**

1. 激发学生的学习兴趣，培养学生思维的灵活性和变通性。

2. 帮助学生了解自己的动手能力。

◎ **活动过程**

1. 活动开始，给学生讲一个故事：很久以前，有一位著名的魔术师，技艺高超。有一名观众很不服气，便想出了一个古怪的问题想难倒他。这位观众给魔术师一根绳子，让魔术师两手抓住绳子的两端，在不放手的前提下，打出一个绳结。

2. 将全班分成若干小组，给每个小组分发一根50厘米长的绳子。以小组为单位讨论：如果你就是那位魔术师，怎么打出这个绳结。

3. 请各小组派代表上台演示，其余学生认真观察。

4. 老师演示正确方法：请一名学生拿住绳子的两端；老师的两条手臂在胸前交叉挽成一个手臂环，然后，两手去拿绳子的两端；在打开手臂环的同时，绳子会自动形成一个绳结。（提示：要想使绳子打一个结，我们的手臂必须先打一个结。）

5. 请同学们交流、分享活动的收获与感悟。

在小组合作的时候，如果有学生以前玩过这个游戏，要求该同学不要先演示。

◎ **活动评价**

通过开展活动提高学生的积极性，发挥实践育人的重要作用。在实践中教会学生学会合作与解决问题。

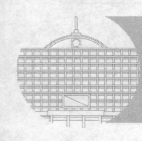

第六讲
知识与技能

 学习目标

制定适合自己的学习计划，合理安排知识与技能的学习。
了解技能证书相关知识，掌握提高专业技能的方法。
掌握技能大赛相关知识，积极参加技能大赛。

成长为高素质技能人才，职校生需要学习、掌握实现职业发展所需要的科学文化知识、专业知识及技术技能。如今，几乎所有用人单位都青睐具有良好的职业道德、职业精神并掌握一定的专业知识与技能的技术型人才和高素质劳动者。

 导读感悟

知识是人类进步的阶梯。没有知识，人的能力就缺乏必要的基础。所以，扎实的知识功底、广博的知识视野和合理的知识结构都是教育所追求的重要目标。新时代青年应学会学习，掌握高效学习的方法，树立终身学习的理念。

有人做过统计，20世纪中期，人类知识总量每隔5～7年就翻一番，现在每隔2～3年就翻一番。当今时代，是终身学习的时代，如果我们忽视知识的不断更新，必然会落伍。

技能主要是指对某项活动、方法、流程、程序、技术或技巧的理解程度和熟练程度。对专业知识以及相关设备、工具和规章的熟练掌握，是我们成为高素质劳动者和技术技能型人才的重要基础，更是顺利就业的条件之一。拥有一技之长才能走出人生天地宽，才能实现梦想，才能打造自己的出彩人生。

典型案例

2018年1月8日，在国家科学技术奖励大会上，中国航发沈阳黎明航空发动机有限责任公司车工、高级技师洪家光带领团队研发的"航空发动机叶片磨削用滚轮精密制造技术"获得国家科学技术进步奖二等奖。这一年，洪家光39岁，是获奖者中最年轻的一位。

从技校毕业生到国家科技进步奖获得者，并享受国务院政府特殊津贴，此外还有几十项荣誉的璀璨光环同时闪耀在他的头上，普通车工洪家光的成功着实令人敬佩与感动。

洪家光为什么能够取得如此辉煌的成就？原因就在于他不仅是一位乐于钻研的"有心人"，而且是一位痴迷磨刀技术的"洪疯子"，当然更在于他那种忠于岗位、一丝不苟、精益求精的工匠精神。作为一名技校生，洪家光从不气馁，也从未自惭形秽，而是扎根一线，踏踏实实地从一点一滴入手，痴迷学习，刻苦钻研，磨炼技术。老百姓常说，世上无难事，只怕有心人。在洪家光这个乐于钻研的"有心人"面前，再多的困难其实也都早已变成了激励他奋发图强的不竭动力。

话题一 合理安排学习

走进职业学校校园，同学们将会体验与义务教育阶段不同的学习与生活。在这里，同学们既要学习文化基础知识，又要学习专业知识和操作技能。在这里，你既可以体会到工学结合、实习实训带给你的实践快乐，又可以参加职业技能大赛，展现你的能力。

方法常识

（一）职业学校的学习特点

一般认为，学习是一种使我们的工作、生活可以得到持续变化的行为方式，也是我们获得知识、形成技能的过程。毛泽东说："读书是学习，使用也是学习，而且是更重要的学习。"职业学校的学习与普通高中相比，有着许多不同的特点（见表6-1）。

表6-1 职业学校学习与普通高中学习比较表

项目	普通高中	职业学校
学习目的	主要为升学打基础	为就业做准备，也为升学打基础
学习课程	主要是文化基础课程	不仅包括文化课，还包括专业课（包括实习课）
学习场所	主要在学校课堂	学校课堂、实训基地、企业车间等
授课老师	主要是学校老师	不仅有学校老师，还有来自企业的兼职老师及指导老师
学习方式	主要是老师授课	老师授课、专业实训、岗位实习，在做中学，在学中做
学习时间	主要由老师安排	学习时间选择的自由度加大
评价主体	主要是老师、学生	老师、学生、实习企业指导老师等
评价方式	主要是考试、考查	不仅有考试、考查，还有实训、实习等实践考核方式
学习成果	毕业证书	毕业证书+职业资格证书

全面提高学生的素质，是学习型社会的要求。职业教育同样注重学生个体的发展，充分尊重和发展学生的个性，培养德智体美劳全面发展的社会主义建设者和接班人。

（二）制定科学的学习计划

学习计划是规定在什么时候采取什么方法、步骤，达到什么学习目标的学习方案，也就是规定在一定的期限内完成一定的学习任务的学习安排。

"凡事预则立，不预则废"。在职业学校，要学好知识，掌握技能，首先应制定适合自己的学习计划，并按时实施。

· 如何制定学习计划

1. 明确学习定位　进行自我分析，正确认识自己，找出自己的长处和短处，明确自己的学习特点，发现适合自己的学习方法。

2. 确定学习目标　在时间上确定远期、中期和近期目标。在内容上确定各门课程和各项学习活动的具体目标。学习目标应适当、明确、具体。将目标和任务明细化，有利于目标的实现和任务的完成。

3. 合理安排学习时间　学习计划是指对学习的长期打算和安排，而日程表是指如何安排明天的、后天的学习，也即逐日计划。充分地利用时间学习，离不开制定计划和日程表。时间安排要符合"全面、合理、高效"的要求。建议同学们制作周学习计划表，每天按照学习任务分模块安排学习，同时，制作学年学习计划，列出每学期应达到或者完成的目标。

• 制定学习计划的要求

1. 考虑全面　多考虑学习的具体安排，将学习与其他各项活动统筹安排，把班级活动、社团活动和锻炼也考虑在内。时间安排不能和课堂学习活动、班级活动、自己的生活相冲突。

2. 切合实际　学习计划要讲究实效，量力而行。制定计划时，要充分考虑自己的实际能力、水平和条件，突出重点，清楚自己的学习水平。要处理好当前实际与未来理想之间的矛盾，将可能转化为现实，不要好高骛远。

3. 科学安排　文化课与专业课交替，理论实践一体化，是安排学习内容的一个基本准则。此外，人的注意力是有一定限度的，学习久了会产生厌倦、疲劳的感觉，要合理安排学习时间。在安排时间时，应设计出相应的休息和文体活动时间。

4. 突出重点　应确保重点，兼顾一般，先做你认为最重要的事情。所谓"重点"，主要是指自己不擅长的课程或技能。

5. 物尽其用　不要忽视碎片化的时间，可将很多学习内容安排在零碎时间解决，比如，背诵公式、单词，揣摩实训技能等。

6. 长短结合　"长计划、短安排"。长计划是明确学习目标，确定学习的内容、专题，大致规划学习的时间；短安排则是具体的行动计划，即每周每天的具体安排和行动落实。

信息链接

国务院决定自2015年起，每年5月的第二周为"职业教育活动周"（简称"活动周"）。活动周的设立，是国家弘扬劳动光荣、技能宝贵、创造伟大的时代风尚，是促进大众创业、万众创新，加快发展现代职业教育的又一重大举措。

职业教育活动周标识

2023年职业教育活动周海报

活动周主要内容包括：组织师生开展技能竞赛或演示，让社会了解职业教育，培养职业兴趣和职业意识，扩大职业教育影响力；组织行业、企业开展相关活动，介绍产业发展前景、企业产品研发等情况，激发全社会对于劳动和技术技能的兴趣爱好，增强创新活力；开展为民服务活动，让人民群众体验到职业教育创造幸福生活、成就美好未来；等等。近年，活动周既有全国性活动，也有地方活动、特色活动等，并通过主题网站、线上展厅等形式举办"云上活动周""线上逛校园""网上开放日"等活动。

每年活动周的主题不同。2023年"职业教育活动周"主题是"技能：让生活更美好"。

话题二 开展工学交替

工学交替、岗位实习是培养学生职业能力的关键教学环节，也是深化"工学结合"人才培养模式改革、培养学生职业道德和强化职业素质教育的重要途径。

方法常识

（一）工学交替的目的和意义

一般而言，工学交替，主要是指在非毕业学年，组织在校学生到企业生产服务第一线参加的实践教学活动，其主要形式包括企业生产体验、专业技能实习、专业技能培训、专业岗位实习等。

第一，实行工学交替，能够帮助职校生获得实际的工作经验。现在，企业等用人单位在录用新员工时，都希望求职者在特定的岗位上具有一定的实习经历，有的企业将是否具备实习经历作为是否录用的重要标准。现实中，不少职业学校毕业生因为没有用人单位所要求的实习经历而失去工作机会。职校生通过工学交替，到企业进行一年或者更长时间的岗位实习，以学徒身份从事特定的岗位工作，按照企业实际的生产和服务要求，真刀真枪地参加工作实践，从而获得相应岗位的实习经历。

第二，实行工学交替，能够有效地提高职校生的实际工作能力，使其快速实现由学生向职工的角色转换。开展工学交替，能够让学生在学习和工作的有效结合中更好地熟悉生产情况，掌握生产工艺技能，了解各个服务环节的质量要求，提高解决实际问题的能力，为以后的就业打下坚实的基础。

第三，实行工学交替，能够及时地帮助职校生掌握就业信息，实现学生就业和企业用工的顺利对接。实行工学交替，能够增加学生接触企业的机会，帮助学生熟悉企业对人才的要求和企业聘用新员工的意向，直接或间接地获得有用的就业信息，从而促进学生的就业。

实践证明，开展工学交替，对实现职业教育与生产劳动相结合，有效促进学生成才就业，促进职业教育的发展，培养造就适应经济社会发展需要的高素质劳动者，具有十分重要的意义。

（二）学生工学交替的职责

《中等职业学校学生学籍管理办法》（教职成〔2010〕7号）明确规定，工学交替是学生职业能力形成的关键教学环节，也是学生在校期间必须完成的学习环节。在工学交替期间，同学们要严格遵守各项要求，认真努力完成好工学交替的各项任务：

1. 严格遵守学校和所在实习单位的规章制度　参加工学交替的学生具有双重身份，既是一名学生，又是实习单位的一名员工，要服从学校与实习单位的双重管理，认真工作，积极主动与学校、专业指导老师、实习单位指导老师保持紧密联系，努力完成工学交替的学习任务。

2. 应自觉维护良好的实习秩序，不做有损企业形象和学校声誉的事情　在实习过程中，必须强化职业道德意识，严格遵守实习单位的劳动纪律和操作规程，尊重实习单位指导老师，服从管理与分配；遇到问题，应及时与实习单位指导老师联系，由学校与企业协商解决。

3. 爱岗敬业　按照工学交替要求、岗位实习计划、工作任务和岗位特点，安排好学习、工作和生活，努力锻炼和提高自己的业务技能，强化职业道德意识。

4. 应提高自我管理能力　要有高度的安全防范意识，注意自身的人身和财物安全。在实习时，必须严格遵守安全操作的有关管理规定，牢记"安全第一"，防止各种安全事故的发生。

5. 及时完成实习报告　在实习结束时应认真、及时完成工学交替实习报告，这是考核的依据之一。

信息链接

教育部等八部门联合印发《职业学校学生实习管理规定》（2021年修订）（节选）

实习是职业教育重要的教学环节，既是专业学习和技术技能训练的必备途径，也是锤炼意志品质、提前熟悉岗位、引导融入社会的重要方式，必须高度重视、规范管理。日前，教育部联合工业和信息化部等八部门深入分析数字经济背景下岗位升级、职业场景变化新形势，着眼实习全流程、聚焦关键环节，坚持标本兼治，在开展实习专项治理的基础上，对2016年印发实施的《职业学校学生实习管理规定》进行了修订，进一步明确了学生实习的行为准则，为实习管理划定了"红线"。

修订后的《规定》包括总则、实习组织、实习管理、实习考核、安全职责、保障措施、监督与处理、附则等8章、50条，与原《规定》相比，修订后进一步明确了实习参与各方的责任、权利和义务，规范了实习各环节过程的基本要求，主要修订有：

一是进一步强调了实习的性质并优化内涵和边界。强调学生实习的本质是教学活动，是实践教学的重要环节；适应数字时代职业场景、岗位形态的变化，重新界定实习分类，将"跟岗实习""顶岗实习"统一为"岗位实习"；对符合条件的生产性实训基地、厂中校、校中厂、虚拟仿真实训基地等，可作为实习单位。二是聚焦职业学校实习治理水平提出系列措施。明确学校选择实习单位的具体条件，要求实习单位名单须经校级党组织审议并对外公开，实习中遇有突发事件或重大风险应按照属地管理要求做好分类管控。三是推动实习深度融入校企协同育人。支持结合学徒制培养、中高职贯通培养等合作探索多种形式的实践性教学改革，规定职业学校应当优先选择与学校有稳定合作关系的企（事）业单位，同时鼓励和引导企（事）业单位等按岗位总量的一定比例，设立实习岗位并对外发布岗位信息。加快推进学生实习保险全覆盖。四是加强部门和地方协同配合。教育部门会同有关部门建立实习管理协调落实机制，工信、财政、人力资源社会保障、应急管理、国资、市场监管、银保监各部门结合各自职责，鼓励支持学校和实习单位开展学生实习，同时对违规行为严肃追责问责。要求跨省实习须事先经学校主管部门同意，按程序报省级主管部门备案，有关省份要建立跨省实习常态化协同机制。五是划定了实习管理"红线"。针对实习内容专业不对口、强制实习、收费实习、简单重复劳动、中介机构参与、违规安排加班和夜班等问题，进一步划定"红线"，提出1个"严禁"、27个"不得"，并有针对性地明确了处理规定，切实保障实习学生的合法权益。首次配发了《实习协议示范文本》，明确了必须由职业学校、实习单位、学生三方签署协议后方可实习。

《教育部等八部门关于印发〈职业学校学生实习管理规定〉的通知》

话题三 提高技能

俗话说：家有万贯，不如薄技在身。一个人如果没有一技之长，则很难胜任所从事的工作岗位，因此，技能对一个从业者来说非常重要。

所谓专业技能，是指在教育者的指导下，通过学习和训练，日渐形成的操作技巧和思维能力。

方法常识

（一）专业技术技能及其训练方式

一般认为，专业技术技能包括基础技能和高级技能。学生通过掌握基本技能，能够投入实地生产。高级技能的培养是产、学、研互动结合的过程，可以将学生从实验到实训、实训到实习有效衔接，提高学生的思维能力和知识与技能运用的能力，为学生就业创造较为有利的条件。

提高学生技术技能的主要训练方式包括校内实训、岗位实习等。

•校内实训　实训是学生技能训练的重要途径之一，一般在校内实习实训场所进行，主要是完成课程规定的实训项目，使学生掌握实践技能，了解科学探索方法，培养严肃认真、实事求是、团结协作的科学精神。学生实训常采用小组合作的学习方式。实训课需注意以下几点：

1. 服从安排　在实训场地，不能因好奇心而随意翻动相关设备、工具、零件等，学生的工位由老师统一安排，操作规程、各项要求由老师指挥，有不会的问题及时向老师请教。

2. 爱护设备　要轻拿轻放实训设施、工具，注意安全，尤其是用电安全，发现设备、工具有故障，要及时向老师报告，确认有问题的要及时登记。未经老师同意不得私自将实训作品带出实训室。

3. 注意卫生　注意实训室卫生，不得将零食特别是有果壳、包装袋的食品带进实训室。有些专业有高精密度仪器设备的实训室，实训时要清扫身上的污垢和灰尘后方可进入。实训结束后，值日生应及时打扫实训场所。

4. 统一工装　实训时，学生统一着装有利于培养学生的专业意识，提高学生的职业素质，这也是实训规范的要求。一些实训要求学生戴手套、工作帽和护目镜，女生必须将自己的长发盘起和固定，不能随意摆动。

•岗位实习　职业学校一般在最后一学年或学期安排不参加升学考试的学生到相关单位进行岗位实习，这是培养学生技能的重要途径。岗位实习不仅是对学生所学知识、技能的全面检查，还是对学生职业能力的综合锻炼，还有可能给学生的就业带来机遇。岗位实习有明确的目的和要求，有详细的规章制度、完整的实习计划，有来自学校和企业的教师指导，有实习记录、实习报告，有交流、评价、鉴定等。

（二）提高专业技能水平

· **培养对专业技能的兴趣** 兴趣是行动的重要动力之一，是行动成功的重要条件。当一个人做自己喜欢的事情时，就会对它产生特别的注意力，对该事物感知敏锐、记忆牢固、思维活跃、情感浓厚。所以，只有不断地培养自己的专业兴趣，才能够让自己在以后从事这一职业的过程中获得更多的愉悦，同时，提高自己的专业技能。

· **拥有扎实的专业理论基础** 理论来源于实践，又指导实践。没有理论指导的实践是盲目的实践。因此，要丰富自身的专业理论。

· **勤动手多实践** 实践出真知，实践是检验真理的唯一标准。遇到问题，唯有自己动脑思考，参与实践操作，印象才会深刻，下次处理同样的问题时才不致盲目，解决问题才更有效率。处理问题的经验也是从亲自动手实践得来的。

看书百遍不如一次亲手实践！每次我都会有新的灵感！

· **熟悉工艺设备和程序** 唯有了解生产工艺，熟悉现场设备，弄懂程序图纸，才会减少判断事故和处理事故的时间。多在岗位一线观察，多处理问题，这也是熟悉现场设备、提高技术技能的有效途径。

·勤学好问　对于不懂的问题要有打破砂锅问到底的精神，直到弄懂为止。师傅们工作时间长、经验丰富，有很多值得同学们学习的地方。对于师傅讲过的东西，要熟记于心，领会贯通，凡事多问一个为什么，逐个去解决这些疑问。在逐步解决疑问的过程中，你会发现你也在进步和成熟。

·学会总结　每次处理完问题后，都要进行总结：哪里做得不好，哪里做得好。做得不好的，下次吸取教训；做得好的，继续保持。吃一堑，长一智，要善于总结。

  信息链接

《人力资源社会保障部　教育部　发展改革委　财政部关于印发"十四五"职业技能培训规划的通知》

话题四　参加技能比赛

2022年10月，一则"00后小伙刮腻子刮成世界冠军"的新闻，引发舆论关注，并一度冲上热搜。据报道，马宏达是浙江建设技师学院16级建筑装饰技师班学生，他在2022年世界技能大赛特别赛"抹灰与隔墙系统"项目比赛中获得冠军，实现了该项目中国金牌零的突破。

 方法常识

（一）技能大赛的意义

职业技能的提高和职业素养的形成离不开实训，技能大赛本身也是实训，同时，技能大赛也是检验实训成果的重要手段。

•规范学生的技能操作　一般来说，学生的技能大多是从老师那儿学来的，如果一个老师没有接受过正规的技能训练，那么他的操作方法就会有偏差，甚至他的一些坏习惯也会影响学生，学生获得的就是非正确的操作技能。职业技能大赛是依据国家职业技能标准，结合生产和经营工作的实际开展的竞赛活动。全国职业院校技能大赛强调规范操作，每个赛项规程都有十分明确的评分细则，对比赛操作的每一个步骤都有非常严格的要求和规定，这不仅有利于保证学生的操作规范，而且也有利于纠正老师的错误操作。所以，职业技能大赛对规范学生的技能操作无疑具有非常重要的意义。

•促进学生成长成才　技能大赛还能以赛促学，激励学生成长成才，促进学生的职业发展。技能大赛不仅激发了学生的兴趣和潜能，使学生从被动学习转向主动学习，而且培养了学生的意志和品格，更培养了学生的团体协作意识、创新精神和实践能力。此外，在技能大赛中获奖的学生会更容易受到企业的青睐，学生的就业质量明显提高。

可以说，技能大赛是促进学生发展的一种有效形式，比赛的结果固然重要，但是备赛、参赛的全过程对学生而言也是一种历练。学生通过技能大赛在职业规划和个人发展方向上重新确定职业发展目标，并运用现代化的信息技术和网络技术等学习资源，在提高自己专业技能的同时，不断提升自身的综合素质。

（二）技能大赛与职业素养

技能大赛不仅是职校生展示职业技能的平台，而且也体现了职校生丰富的职业素养。技能大赛体现的注重细节、有始有终；遵守规则、守时守约；相互配合、注重协作及良好的心理素质等，都是职校生所要努力培养的职业素养。

•注重细节、有始有终　忽视任何一个细节，都可能带来意想不到的后果。技能大赛充分体现了做事情要有始有终、注重细节。例如，在技能大赛中，从比赛材料的准备到比赛结束后的用具摆放及场地清洁，特别是其中一些容易被忽视的细节,大赛都制定了相应的评分标准,选手在操作时要严格遵守标准,每一个小的细节对比赛的成败都至关重要。一个技术专业的人一定非常注重细节,勿以事小而不为,只有把平凡的小事做好了,才能在平凡的岗位上创造出更大的价值。

• **遵守规则、守时守约**　比赛中的一系列规则都要求参赛团体和个人严格遵守。以2014年全国职业院校技能大赛"中华茶艺技能"赛项规程为例,大赛不仅制定了参赛人员必须遵守的比赛日程和评分标准,而且还制定了参赛队须知、指导教师须知、参赛选手须知及工作人员须知等规则,正是这些规则保证了大赛的有序进行。评分标准还要求选手在规定时间内完成某项工作,超过时间则会受到扣分的处罚。可见,技能大赛注重选手对规则的遵守。因此,职校生在平时的生活和学习中要养成遵守规则、守时守约的好习惯。

• **相互配合、注重协作**　随着社会专业化分工越来越细,每项工作的完成都离不开相互协作。心往一处想,劲往一处使,同心协力,取长补短,才能发挥集体的作用,产生1+1>2的效果。一个缺乏团结协作精神的人,是不可能取得大的成功的。技能大赛很好体现了相互配合、注重协作的精神。全国职业院校技能大赛除中职组有个别赛项要求个人参赛外,其余均要求团体参赛,目的是在考查参赛选手个人动手能力的同时考查他的团结协作能力。所以,职校生要培养集体意识。

• **良好的心理素质**　技能大赛一般都有赛前集训过程,这是一个较长时间的模拟训练的过程,目的是使参赛选手事先习惯比赛的各个环节,从而起到稳定情绪、增加信心的作用。比赛过程更是对选手心理素质的考验,严肃的气氛、陌生的面孔,让人不由自主地产生紧张情绪。而经过技能大赛的锻炼,许多选手的心理素质会有很大的提高,在以后的工作实践中也会更加从容自如。

信息链接

关于世界技能大赛

世界技能大赛中国组委会官网网址:http://worldskillschina.mohrss.gov.cn/
世界技能大赛(World Skills Competition)是最高层级的世界性职业技能赛事,由世界技能组织举办,每两年举办一次,被誉为"世界技能奥林匹克",

是世界技能组织成员展示和交流职业技能的重要平台。

　　世界技能大赛比赛项目共分为6个大类，分别为结构与建筑技术、创意艺术和时尚、信息与通信技术、制造与工程技术、社会与个人服务、运输与物流，共计46个竞赛项目。大部分竞赛项目对参赛选手的年龄限制为22岁，制造团队挑战赛、机电一体化、信息网络布线和飞机维修4个有工作经验要求的综合性项目，对选手的年龄限制为25岁。

　　世界技能大赛的举办机制类似于奥运会。由世界技能组织成员申请并获批准之后，世界技能大赛在世界技能组织的指导下与主办方合作举办。

　　2011年10月，第41届世界技能大赛在英国伦敦开幕，中国首次派出代表团参加这一赛事，参加数控车床、焊接等6个项目的比赛。在这次比赛中，中国石油天然气第一建设公司员工裴先峰勇夺焊接项目银牌，使中国首次参赛即实现了奖牌零的突破。

　　2019年8月，第45届世界技能大赛在俄罗斯喀山举行。中国组团首次参加全部56个项目的比赛，共获得16金14银5铜和17个优胜奖，位列金牌榜、奖牌榜、团体总分第一名。

　　2022年，世界技能大赛各竞赛项目的比赛在世界技能组织多个成员国家和地区举行，统称为"2022年世界技能大赛特别赛"。

　　2022年9月27日，人力资源和社会保障部宣布，经世界技能组织召开全体成员大会投票表决，中国上海获得2026年第48届世界技能大赛的主办权。

拓展训练

制定技能操作计划

◎ **拓展目标**

　　初步学会制定个人的技能操作计划（短期计划、常规计划、长远计划），明确自己的目标。

◎ **拓展方法**

　　制定个人计划，经小组交流，全班展示。

◎ **拓展过程**

1. 活动主持人介绍活动的总体要求。

2. 制定技能操作计划。

每个人根据自己的实际情况,初步拟订一份本学期的技能操作计划。

3. 小组交流。

将全班同学分成4~8个活动小组,每个小组成员相互交流自己的计划,并相互提出建议。

4. 全班展示。

每个小组推荐一名成员介绍自己的计划。

5. 活动主持人进行活动小结。

6. 完善学习计划。

每个人进一步完善自己的技能操作计划。

实践活动

榜样引领活动

◎ **活动概述与目的**

榜样引领活动,即指导、组织学生寻访近年来涌现的职业学校的优秀毕业生,挖掘他们成长成才的典型事迹和成功经验,教育引导学生将具备优良品德的大国工匠、能工巧匠、劳动模范、行业能手、创业之星等作为学习的榜样。以身边看得见、学得了、可再现的鲜活典型促进学生努力修身立行,实现技能报国、强国有我的目标。

◎ **活动形式与要求**

指导、组织学生寻访职业学校的优秀毕业生,挖掘、宣传、推广榜样人物苦练技术技能、传承工匠精神、弘扬劳动精神等方面的典型事迹,开展主题演讲、征文、班会等活动,引导学生志存高远、发愤图强、脚踏实地,走技能成才、技能报国之路。

◎ **活动准备**

宣传、引导全体学生广泛参与,让每一名学生在活动中受到教育。

◎ **活动实施**

学生从寻访者的角度,以"榜样故事我来说"为主题,重点讲述优秀毕业生的成才故事，包括学习经历、奋斗历程、成功经验、对职教学子的寄语等。

学生以"未来工匠说"为主题，讲述自己学习榜样人物、典型事迹的感悟，以及今后树立远大理想、刻苦锤炼技能、养成职业精神，做新时代追梦者，走技能成才、技能报国之路的具体打算和做法。

◎ **活动评价**

学生参与度很高，一方面宣传了榜样人物的典型事迹，另一方面在学生中弘扬了劳动精神、工匠精神。

第七讲 就业与升学

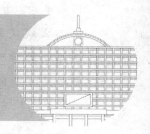

学习目标

培养职业兴趣，合理定位自身的发展，能够对未来的职业生涯进行初步规划，明确学习方向。

树立正确的就业观，熟悉就业的程序，逐步提高职业基本素质。

"就业有前景，升学有门路"。让每一个职校生自信地走出校门、服务社会、改变人生，教会他们生存的本领和获取幸福生活的能力，这就是职业教育的人才培养目标。

导读感悟

每一个职校生终将从校园走向社会，走向更宽阔的舞台。而如今职业教育也从"以就业为导向"转变为"就业与升学并重"。如何正确自我定位，实现就业或升学目标，做好职业生涯规划是每一个职校生要认真思考的问题。

典型案例

从"木工小白"一路逆袭登上世界赛场

2022年10月，瑞士巴塞尔传来令人振奋的消息，经过4天赛程的激烈比拼，代表中国参赛的上海市城市科技学校（上海科创职业技术学院）教师邵茹鹏获得2022年世界技能大赛特别赛精细木工项目金牌。据悉，邵茹鹏是一位来自安徽亳州的"00后"小伙。

邵茹鹏参与的精细木工项目就难在"精细"二字。在4天的时间里，他要用简单的机械加手工的方式将木料加工成规定的形状和尺寸，木料连接处的缝隙不能超过0.2毫米，整体尺寸与图纸误差不能超过1毫米。裁判检查时会向缝隙插入塞纸（尺），塞纸一旦插入，选手就会被扣分。

而很难想象，就在几年前，邵茹鹏还是从"零起点"起步的"木工小白"。父亲长期在上海从事装修工作，有了家庭环境的熏陶，邵茹鹏从小动手能力是强一些的，也曾考虑过以后是否也会跟父亲从事相同的行业。

2018年，邵茹鹏进入上海市城市科技学校学习，选择的就是建筑工程系。不过，很快他便被学校的木工社团吸引，用他的话来说，"不仅是木工技术，有趣的、有文化底蕴的木工作品都令我着迷"。完成作品的成就感，以及超越对手的喜悦，支撑他一路向前。2019年，经过多次严格考核，邵茹鹏通过学校木工基地的选拔，被录取为世界技能大赛精细木工项目基地梯队选手。接下来凭借着坚定的意志和精益求精的态度，邵茹鹏也实现了逆袭，并不断靠近世界赛场。

2020年5月，邵茹鹏在第46届世界技能大赛精细木工项目上海市选拔赛中获得第一名。2020年12月，他又作为上海市选手代表参加第一届全国技能大赛精细木工项目竞赛（暨全国选拔赛），获得该项目银牌。

2021年，邵茹鹏从上海市城市科技学校毕业后留校任教，彼时他刚刚19岁。2022年，他又以教师身份参与世界技能大赛，并摘得金牌。能走到今天，邵茹鹏也未曾料想"技能改变人生"的故事正在自己的身上上演。（选自《安徽网》，有删减）

话题一 培养职业兴趣

兴趣是最好的老师。职业心理学的研究表明：一个人对某种工作有兴趣，能发挥他全部才能的80%～90%，并且能长时间保持高效率而不感到疲劳；如果一个人对某种工作不感兴趣，则只能发挥全部才能的20%～30%，并且容易疲劳。兴趣是人们行动的巨大动力，只有从事自己感兴趣的职业，才能积极地投入工作中。

 方法常识

（一）发现自己的职业兴趣

· 职业兴趣的主要类型　美国著名职业指导专家约翰·霍普金斯大学心理学教授约翰·霍兰德，按不同的职业特点和个性特征将人的职业兴趣分为六类：现实型、研究型、艺术型、社会型、企业型、常规型。他认为，每种类型的人对相应的职业感兴趣。

· 不同职业兴趣倾向人的人格特征

1. 现实型　往往看重现实事物的价值，安分随流，做事保守，较为谦虚，踏实稳重，诚实可靠，情绪稳定，不善交际，通常喜欢独立做事。

典型职业：技术性职业（计算机硬件工程师、摄影师、制图员、机械装配工），技能性职业（木匠、厨师、技工、修理工、农民、一般劳动者）。

2. 研究型　坚持性强，有韧性，喜欢钻研，重视科学性并不断地学习，善于分析思考，为人好奇，独立性强，做事谨慎。

典型职业：科学研究人员、教师、工程师、电脑编程人员、医生、系统分析员。

3. 艺术型　理想主义者，追求完美，不重实际，想象力丰富，富有创造性，具有独创的思维方式，直觉强烈、敏感，情绪波动大，较冲动，不服从指挥。

典型职业：艺术方面（演员、导演、艺术设计师、雕刻家、建筑师、摄影师、广告制作人），音乐方面（歌唱家、作曲家、乐队指挥），文学方面（小说家、诗人、剧作家）。

4.社会型　有强烈的社会责任感和责任心，关心社会问题，渴望发挥自己的社会作用，为人友好、热情、开朗、善良、善解人意，助人为乐，易于合作。

典型职业：教育工作者（教师、教育行政人员），社会工作者（咨询人员、公关人员）。

5.企业型　为人乐观，对自己充满信心，喜欢冒险，精力旺盛，有支配愿望，好交际，喜欢发表意见和见解，善辩，独断。

典型职业：项目经理、销售人员、营销管理人员、政府官员、企业领导、法官、律师。

6.常规型　服从权威，讲究秩序，责任感强，高效率，稳重踏实，细心仔细，有条理，耐心谨慎，依赖性强。

典型职业：秘书、记事员、会计、行政助理、图书馆管理员、出纳员、打字员、投资分析员。

（二）职业兴趣测评

一个人的人格特征与职业有着密切的关系，不同职业对从业者人格特征的要求是不一样的。通过测试，可大概了解自己的人格特征，这有助于选择适合个人发展的职业。下面是我们选择的一个职业兴趣测评量表（见表7-1），当然，测试的结果也仅供自己参考。

• 做个测试题　请根据对每一题目的第一印象作答，不必仔细推敲，答案没有对错之分。具体填写方法是，根据自己的情况选择"是"或"否"。

表7-1　职业兴趣测评量表一：职业兴趣测评60问

内容	是	否
1.我喜欢把一件事情做完后再做另一件事		
2.在工作中我喜欢独自筹划，不愿受别人干涉		

续表

内容	是	否
3. 在集体讨论中，我往往保持沉默		
4. 我喜欢做戏剧、音乐、歌舞、新闻采访等方面的工作		
5. 每次写信我都一挥而就，不再重复		
6. 我经常不停地思考某一问题，直到想出正确的答案		
7. 对别人借我的和我借别人的东西，我都能记得很清楚		
8. 我喜欢抽象思维的工作，不喜欢动手的工作		
9. 我喜欢成为人们注意的焦点		
10. 我喜欢不时地夸耀一下自己取得的好成就		
11. 我曾经渴望有机会参加探险		
12. 当我一个人独处时，会感到更愉快		
13. 我喜欢在做事情前，对事情作出细致的安排		
14. 我讨厌修理自行车、电器一类的工作		
15. 我喜欢参加各种各样的聚会		
16. 我愿意从事工资少但是比较稳定的职业		
17. 音乐能使我陶醉		
18. 我办事很少思前想后		
19. 我喜欢经常请示上级		
20. 我喜欢需要运用智力的游戏		
21. 我很难做那种需要持续集中注意力的工作		
22. 我喜欢亲自动手制作一些东西，从中得到乐趣		
23. 我的动手能力很差		
24. 和不熟悉的人交谈对我来说毫不困难		
25. 和别人谈判时，我总是很容易放弃自己的观点		
26. 我很容易结识同性别的朋友		
27. 对于社会问题，我通常持中庸的态度		
28. 当我开始做一件事情时，即使碰到再多的困难，我也会执着地做下去		
29. 我是一个沉静而不易动感情的人		
30. 当我工作时，我喜欢不被干扰		
31. 我的理想是当一名科学家		
32. 与言情小说相比，我更喜欢推理小说		

续表

内容	是	否
33. 有些人太霸道，我有时明明知道他们是对的，也要和他们对着干		
34. 我爱幻想		
35. 我总是主动地向别人提出自己的建议		
36. 我喜欢使用榔头一类的工具		
37. 我乐于解除别人的痛苦		
38. 我更喜欢自己下了赌注的比赛或游戏		
39. 我喜欢按部就班地完成要做的工作		
40. 我希望能经常换不同的工作来做		
41. 我总留有充裕的时间去赴约会		
42. 我喜欢阅读自然科学方面的书籍和杂志		
43. 如果掌握一门手艺并能以此为生，那么我会感到非常满意		
44. 我曾渴望当一名汽车司机		
45. 听别人谈"家中被盗"一类的事，很难引起我的同情		
46. 如果待遇相同，那么我宁愿当商品推销员，而不愿当图书管理员		
47. 我讨厌跟各类机械打交道		
48. 我小时候经常把玩具拆开，把里面看个究竟		
49. 当接受新任务时，我喜欢以自己的独特方法去完成它		
50. 我有文艺方面的天赋		
51. 我喜欢把一切安排得整整齐齐、井井有条		
52. 我喜欢做一名教师		
53. 和一群人在一起的时候，我总想不出恰当的话来说		
54. 看情感影片时，我常禁不住眼圈红润		
55. 我讨厌学数学		
56. 在实验室里独自做实验会令我寂寞难耐		
57. 对于急躁、爱发脾气的人，我仍能以礼相待		
58. 遇到难解答的问题时，我常常放弃		
59. 大家公认我是一名勤劳踏实、愿为大家服务的人		
60. 我喜欢在人事部门工作		

符合以下"是"或"否"答案的记1分，不符合的记0分。

常规型（C）："是"（7，19，29，39，41，51，57），"否"（5，18，40）

现实型（R）："是"（2、13、22、36、43），"否"（14、23、44、47、48）

研究型（I）："是"（6、8、20、30、31、42），"否"（21、55、56、58）

企业型（E）："是"（11、24、28、35、38、46、60），"否"（3、16、25）

社会型（S）："是"（26、37、52、59），"否"（1、12、15、27、45、53）

艺术型（A）："是"（4、9、10、17、33、34、49、50、54），"否"（32）

将得分最高的三种类型从高到低排列，我们可以得出一个（或两个）三位组合答案。比如你的测评六种类型得分分别为8分、9分、8分、7分、5分、6分，你就可以记作RCI或者RIC。

· 对照量表　按照得分高低对照《人格类型与职业环境的适配》量表（见表7-2），可以初步了解自己适应的职业环境。

表7-2　职业兴趣测评量表二：人格类型与职业环境的适配

类型	适配的职业环境
常规型C	1. 喜欢传统性的职业或情境，避免艺术性的职业或情境，会以传统的能力解决工作或其他方面的问题
	2. 喜欢顺从、规律，有文书与数字能力，并重视商业与经济上的成就
现实型R	1. 喜爱实用性的职业或情境，以从事所爱好的活动，避免社会性的职业或情境
	2. 用具体实际的能力解决工作及其他方面的问题，较缺乏人际关系方面的能力
	3. 重视具体的事物，如金钱、权力、地位等
研究型I	1. 喜爱研究性的职业或情境，避免企业性的职业或情境
	2. 用研究的能力解决工作及其他方面的问题，即自觉、好学、自信，重视科学，但缺乏领导方面的才能
企业型E	1. 喜欢企业性的职业或环境，避免研究性的职业或情境，会以企业方面的能力解决工作或其他方面的问题
	2. 冲动、自信、善社交、知名度高、有领导与语言能力，缺乏科学能力，重视政治与经济上的成就
社会型S	1. 喜爱社会性的职业或情境，避免实用性的职业或情境，并以社交方面的能力解决工作及其他方面的问题，但缺乏机械能力与科学能力
	2. 喜欢帮助别人、了解别人，有教导别人的能力，且重视社会与伦理的活动与问题
艺术型A	1. 喜爱艺术性的职业或情境，避免传统性的职业或情境
	2. 富有表达能力和直觉、独立、具创意、不顺从（包括表演、写作、语言），并重视审美的领域

（注：以上测试内容与结果，仅供自己参考。）

信息链接

一些网络学习平台

中国大学MOOC https://www.icourse163.org/

网易公开课 https://open.163.com/

我要自学网 https://www.51zxw.net/default.aspx

话题二 规划职业生涯

有的同学会有这样的想法：我的文化课成绩不太理想，才上了职业学校。有这种想法的同学，请记住这句话："你现在站在哪里并不重要，重要的是你下一步走到哪里。"无论在哪所学校、学什么专业、过去基础怎么样、成绩如何，我们未来的职业道路就是从踏入职业学校的那天开始的。

同学们，成就自己的人生梦想，我们要客观分析自己的个性、兴趣等，及早做好职业生涯规划，绘制精彩人生蓝图。

方法常识

（一）职业生涯规划的概念与设计

· **什么是职业生涯规划** 职业生涯规划是指将个人发展与组织发展相结合，通过对职业生涯的主客观因素分析、总结和测定，确定个人的职业目标，并为实现这一职业目标，预先进行职业生涯系统安排的过程。职业生涯规划分个人设计和组织职业规划（设计）两个方面。

我们通过职业生涯规划，可选择适合自己发展的职业，确定符合自己兴趣与特长的职业生涯路线。正确设定自己的人生目标，运用科学的方法，采取有效的行动，使人生事业发展获得成功。

・职业生涯设计的方法　许多职业咨询机构和心理学专家进行职业咨询和职业规划时常常采用的一种方法就是有关5个"W"的思考模式。

（1）Who are you ——你是谁

（2）What you want ——你想干什么

（3）What can you do ——你能干什么

（4）What can support you ——环境支持或允许你干什么

（5）What you can be in the end ——最终的职业目标是什么

回答这五个问题，找到它们的最高共同点，你就有了自己的职业生涯规划。

第一个问题是"我是谁？"应该对自己进行一次深刻的反思，有一个比较清醒的认识，把优点和缺点，一一列出来。要审视自己、认识自己、了解自己，做好自我评估，包括自己的兴趣、特长、性格、学识、技能、智商、情商、思维方式等。即要弄清我想干什么、我能干什么、我应该干什么、在众多的职业面前我会选择什么等问题。这个问题是我们进行规划的核心和关键。这一环做不好或出现偏差，就会导致整个职业生涯规划各个环节出现问题。

第二个问题是"我想干什么？"是对自己职业发展的一个心理趋向的检查。每个人在不同阶段的兴趣和目标并不完全一致，有时甚至是完全对立的，但随着年龄的增长和经历的丰富而逐渐固定，并最终确定自己的终身理想。

第三个问题是"我能干什么？"则是对自己能力与潜力的全面总结，一个人职业的定位最根本的还要归结于他的能力，而他职业发展空间的大小则取决于自己的潜力。了解一个人的潜力应该从几个方面着手，如对事的兴趣、做事的韧力、临事的判断力以及知识结构是否全面、是否及时更新等。

第四个问题是"环境支持或允许我干什么？"这种环境支持在客观方面包括本地的各种状态比如经济发展、人事政策、企业制度、职业空间等；人为主观方面包括同事关系、领导态度、亲戚关系等，两方面的因素应该综合起来看。有时我们在做职业选择时常常忽视主观方面的因素，没有将一切有利于自己发展的因素调动起来，从而影响了自己的职业切入点。

明晰了前面四个问题，我们就会从各个问题中找到对实现有关职业目标的有利和不利条件，列出不利条件最少的、自己想做而且又能够做的职业目标，那么第五个问题有关"自己最终的职业目标是什么"自然就有了一个清楚明了的框架。最后，将自我职业生涯计划列出来，形成个人发展计划，通过系统的学习、培训，实现理想的职业目标。

（二）制定职业生涯规划应注意的问题

·合理选择　要根据自身的因素选择一项你所喜欢的职业，喜欢的工作本身就能给你一种满足感，你的职业生涯也会因此变得精彩有趣。因此，在设计自己的职业生涯时，一定要注意考虑自身的特点，结合自己的兴趣，择己所爱，选择自己所喜欢的职业。

·能力条件　任何职业都要求从业者掌握一定的技能和专业知识，具备一定的能力条件。而一个人一生也不可能掌握所有的技能。所以，你必须在进行职业选择时择己所长、择己所爱，或按专业特长或按能力专长选择，尽量选择对自己有优势或能充分发挥出优势的职业（如语言表达和沟通是你的强项，那你就可考虑选择教师、培训、人力资源、市场开发等职业，发挥你的优势）。

·社会需求　近年来，随着我国经济社会的发展，节能环保、新兴信息产业、生物产业、新能源、新能源汽车、高端装备制造业和新材料等新型产业兴起，人才需求量逐步增大。在规划职业生涯时，一定要认真分析社会需求的变化。要将目光放长远，不能只顾眼前较热门的职业，盲目从众，一拥而上。要仔细分析，结合自身因素做出选择。

·预期收益　职业是个人谋生的手段，从客观上讲是为满足个人生存、发展及幸福的需要。要在收入、社会地位、成就感和工作付出等变量组成中找出一个最大值，这也是职业生涯选择中的收益最大化原则。

信息链接

全国中等职业学校"文明风采"活动

全国中等职业学校"文明风采"活动，是一项由教育部等部门组织，各级教育行政部门举办，学校具体操作的制度化德育实践活动。2004年5月12日，第一届全国中等职业学校"文明风采"大赛正式启动。2018年，教育部将原中等职业学校"文明风采"竞赛活动调整为中等职业学校"文明风采"活动，主要包括优秀活动案例遴选和活动成果展演展览。

展演展览作品包括展演类和展览类两大类。展演类节目包括：歌舞、器乐、曲艺、朗诵、小品等；展览类作品包括：书法、绘画、雕塑、手工艺品、非遗作品等。

全国中等职业学校"文明风采"活动官网：http://www.moewmfc.org/index.shtml

话题三 走向实习就业

岗位实习是每一个职业学校学生都应该拥有的一段宝贵经历，是对学生在课堂上掌握的专业知识的检验。岗位实习让学生在实践中了解行业、在实践中巩固知识，既开阔了学生视野，又增长了学生见识，是学生走向工作岗位的第一步。

方法常识

2021年，教育部等八部门印发的《职业学校学生实习管理规定》规定"学生在实习单位的岗位实习时间一般为6个月"。国家支持鼓励职业学校和企（事）业单位探索实行工学交替、多学期、分段式等多种形式的实践性教学改革。那么我们在岗位实习过程中要学习哪些内容，同时要注意维护好自身的哪些权益呢？

（一）什么是岗位实习

岗位实习，是指职业学校根据人才培养方案和教学计划安排在校学生，到实习单位参与工作，综合运用本专业所学的知识和技能，以完成一定的工作任务的一种实践性教学形式。

岗位实习是人才培养的重要组成部分，是深化课堂教学的重要环节，是学生了解社会、接触生产实际，获取、掌握生产现场相关知识的重要途径，在

培养学生实践能力、创新精神，树立学生事业心、责任感等方面有着重要的作用。

（二）岗位实习的内容

在岗位实习的过程中，我们要了解岗位的基本要求，按照企业员工标准参与生产实践；了解企业文化、行业发展动态；锻炼自己与人交往的能力；增强自身责任感和抗压性，验证自己的职业选择，做好"学校人"向"职业人"的顺利转变。

在岗位实习的过程中，我们要注意及时整理所学知识，及时做好记录，收集归档以下材料：（1）岗位实习协议；（2）岗位实习计划；（3）学生岗位实习报告；（4）学生岗位实习成绩；（5）岗位实习周志；（6）岗位实习巡回检查记录；（7）岗位实习考核表、实习经历证明等。

（三）岗位实习中的学生权益

《中华人民共和国职业教育法》明确规定：接纳实习的单位应当保障学生在实习期间按照规定享受休息休假、获得劳动安全卫生保护、参加相关保险、接受职业技能指导等权利；对上岗实习的学生，应当签订实习协议，给予适当的劳动报酬。

职业学校和职业培训机构应当加强对实习实训学生的指导，加强安全生产教育，协商实习单位安排与学生所学专业相匹配的岗位，明确实习实训内容和标准，不得安排学生从事与所学专业无关的实习实训，不得违反相关规定通过人力资源服务机构、劳务派遣单位，或者通过非法从事人力资源服务、劳务派遣业务的单位或个人组织、安排、管理学生的实习实训。

（四）知晓职业学校就业途径

·**订单式培养** 所谓"订单式培养"，是职业学校根据用人单位的标准和岗位要求，与用人单位共同确立培养目标与人才规格，制定并实施教学计划，实现人才定向培养的教育模式。双方签订用人及人才培养协议，形成一种法定或近于法定的委托培养关系；明确双方职责，学校保证按需培养人才；用人单位保证录用合格人才，用其所学。它促进了人才供需双方零距离对接，提高了职业学校毕业生的就业质量和就业率。通过订单式培养的职业学校毕业生，一般到订单单位直接就业。

·**学校推荐就业** 学校推荐就业是职业学校毕业生就业的有效途径。职业学校一般都设有就业推荐机构,其职责就是经常深入企事业单位,收集就业信息,开拓就业市场,建立与用人单位的长期联系,负责毕业生的就业推荐、就业工作协议的签订与审核,同时对职业学校毕业生的就业工作进行指导、培训,帮助他们转变就业观念。每年通过学校就业机构推荐,获得就业途径的职业学校毕业生大约占总就业人数的一半以上。

・供需见面会 供需见面会主要指通过招聘会形式,双向选择实现就业的一种途径。为提高本校毕业生就业率,很多职业学校每年都会集中邀请一些与学校建立长期合作关系的用人单位,开展供需见面会等招聘活动,为用人单位、毕业生构建可靠、安全的双向选择洽谈平台,使毕业生通过洽谈会达成就业意向或者实现就业。这种招聘会基本上专门针对本校毕业生,所设的职位要求与本校的专业方向相符或相近。因此,这种求职途径较受本校毕业生欢迎并具有一定的吸引力。

・人才招聘会 现在,大多数县级以上城市的人力资源机构,每年都会举办各种各样的招聘会。如大型的综合招聘会、中小型的专业招聘会以及专为毕业生服务的专场招聘会等。此类招聘会有许多特殊优势:招聘会规模庞大、招聘单位众多、行业范围广泛。届时,学校会组织毕业生参加这类招聘会,帮助他们了解就业行情,丰富求职经验。参加这类招聘会,需要注意的是,要有主见,不要盲目从众。此外,一定要准备多份简历和个人材料,以备用人单位当场查阅。

・自主创业 自主创业是近几年来职业学校毕业生一种新的就业途径,指职业学校毕业生利用所学知识、技能,通过科技创新、社会服务或发挥在某一方面的特长,独立创办公司或与他人合伙创办公司。自主创业不仅可以解决自身的就业问题,而且可以为他人创造就业机会。国家和地方政府都在积极支持和鼓励职业学校毕业生自主创业,现已出台了一系列的扶持政策,为职业学校毕业生的自主创业创造条件。

・其他就业途径 如果学校组织的各种就业途径仍然不能帮助职业学校毕业生找到理想的工作,那么毕业生也可以利用以下几种就业途径,找到适合的职业。

1. 登门自荐就业 在没有其他就业途径的情况下,职业学校毕业生也可以带着自荐材料,直接到一些选定的公司登门拜访,勇敢地把自己介绍给用人单位，赢得用人单位的赏识。在直接登门自荐之前，首先要通过公司网站对该公司的性质、特点进行了解，做到心中有数，在拜访时要表现出对该公司的熟悉和喜欢，给用人单位留下良好的印象。

2. 网上求职就业　　网上求职方便快捷，是一种新的择业方式。网上求职一般有两种形式：一种是在网上发布求职信息，等待用人单位与你联系；另一种就是根据网上发布的招聘信息发送自己的求职意向，或直接登录用人单位网站，主动发送电子邮件和对方联系。在制作个人简历时一定要注意详细填写工作经历和教育经历，这是网上招聘单位最为看重的两项内容。但是，网上招聘也有不足的地方，虚假招聘消息或虚假简历会极大挫伤求职者或招聘单位的积极性，个人隐私问题也会给求职者带来麻烦。

无论是哪种就业途径，我们要注意招聘诈骗与网络陷阱，一定要在充分了解用人单位的准确信息后再去应聘。

信息链接

制作简历的要求

简历是求职者列举个人情况的文字资料，其目的是自我推荐。一份制作精美、个性突出的简历，往往能给用人单位留下深刻的印象，提高求职者面试的成功率。因而，掌握制作简历的要点对每个求职者而言都非常重要。

·简历的内容必须真实无误，千万不要为了自我美化而言过其实，以免面试时被拆穿，丧失良好的信誉。

·简历的内容要简洁明了，切中要点。一般应将最重要的信息放到第一页上，将学习成绩、证书、奖状的复印件等附在后面，以使用人单位一目了然。

·简历的设计应干净大方，最好能突显个性，以便在众多的简历中脱颖而出。切不可设计得东一块西一块或过于花哨，给人以凌乱、琐碎的不良印象。

·简历的书写要正确无误。不可有错别字或漏字、漏标点，以免给用人单位留下粗心大意、不重视、不严肃的感觉。

话题四 实现升学梦想

2022年,教育部明确指出:将推进中等职业教育多样化发展,从单纯"以就业为导向"转变为"就业与升学并重",抓好符合职业教育特点的升学教育,打开中职生的成长空间。

现在,中职生可以通过三二分段制、五年一贯制、中本贯通、中高本贯通、职教高考、自主招生、技能拔尖人才免试升学等多种渠道升学,除了升入高职专科,也能升入本科。中职生的升学需求越来越得到国家的重视和支持,教育部及相关部门不断健全职业教育考试招生制度,逐步搭建有利于技术技能人才成长的"立交桥"。

方法常识

(一)我国教育体系的基本框架

我国教育体系分为学前教育、九年义务教育、高中阶段教育、大学教育和研究生教育五个层级,现在我们正在接受的是高中阶段教育中的中等职业教育。《中华人民共和国职业教育法》明确指出:职业教育是与普通教育具有同等重要地位的教育类型。

与普通高中教育相对应的大学教育,有普通本科教育和学术学位研究生教育,而与中等职业教育相对应的则是高等职业专科、应用型技术本科教育以及专业学位研究生教育,而这正是今后一段时间我国构建国民教育体系的重要内容。

(二)安徽省职业学校毕业生的升学路径

近年来,安徽省持续推进中高职衔接培养工作,努力拓宽中等职业学校毕业生升学通道。目前,安徽省中等职业学校毕业生的升学路径有以下几类:

· "3+2"或"3+4"培养模式　"3+2"或"3+4"培养模式是指初中毕

业生在中等职业学校学习3年，然后经过考核部分或全部转入合作培养的高等职业院校或本科院校深造2年或者4年，毕业以后享受与普通高等职业院校毕业生或应用型本科院校毕业生同等待遇的一种独具特色的职业教育培养模式。目前，安徽省以初中为起点的五年制高职培养制度及"3+2"培养模式在许多中等职业学校已经展开，而与本科高校合作举办的"3+4"本科层次职业教育培养模式尚属试点阶段。职校生在修完职校3年的课程，经考核合格后，可通过这一特有途径直接升入高职专科或应用型本科院校继续学习深造。

• 高等职业院校分类考试招生　高等职业院校分类考试招生指中等职业学校毕业生，参加全省普通高校招生统一体检，符合要求后，在规定的时间段内报名参加具有自主招生资质的高等职业院校独立举办的招生考试，合格后将直接升入高等职业院校（专科）。

高等职业院校分类考试采取"文化素质+职业技能"的考试评价方式，职业技能考试成绩占比原则上不低于50%。普通高中毕业生参加"文化素质考试+职业适应性测试"，其中应届普通高中毕业生文化素质成绩使用高中学业水平考试语文、数学、外语三科成绩；历届普通高中毕业生、中等职业学校毕业生、中等技工学校毕业生，以及具有高中阶段学历或同等学力及以上的下岗职工、农民工、高素质农民等参加"文化素质考试+职业技能考试"，文化素质考试成绩使用全省统一组织的文化基础考试成绩；退役军人免于文化素质考试，参加职业技能考试或职业适应性测试。

• 应用型本科高校对口招生　应用型本科高校对口招生是指应用型本科高校面向中等职业学校毕业生对口招生。学生通过全省普通高校招生考试报名平台报名，考试采用"文化素质+职业技能"考试的选拔方式。通过应用型本科高校对口招生考试被录取的大学新生与通过普通高考被录取的新生性质相同，按专业编在同样班级学习，毕业后待遇等也完全相同。

报考分类考试和对口招生考试的考生均须参加统一组织的文化素质测试。文化素质测试由省教育招生考试院统一组织命题，包括语文、数学、英语三科内容。卷面分值为300分，其中语文、数学每科120分，英语60分。采取合卷笔试的方式进行考试。参加对口招生考试文化课合格者参加招生院校组织的技能考试。招生院校组织的考试科目及要求见各招生院校招生章程。技能考试分值为150分（90分及以上为合格，90分以下为不合格）。技能考试成绩不计入总分。技能考试合格的考生，依据其文化素质测试成绩，并参考其技能考试成绩，按照从高分到低分录取；技能考试不合格者，不得录取。

（三）正确处理就业和升学的关系

·保持积极心态　无论是选择就业还是升学，都应记住：生命是一种长期而持续的累积过程。人的一生绝不会因为单一的事件而毁，也不会因为单一的事件而成功。如果我们看得清这个事实，许多所谓"人生的重大抉择"就可以淡然处之，根本无需焦虑。而所谓"人生的困境"，在当下也就变得无足挂齿。

·升学是为了更好地就业　随着国家职业教育发展体系的构建，我们的升学之路将越来越宽阔。我们应了解未来社会和职业发展对我们的素质要求，处理好个人与社会、理想与现实、主动与被动的关系，升学不是我们的最终选择，就业（包括升学之后的大学毕业后的就业）才是我们立足社会的根本，也是我们的最终选择。

·如何选择就业或升学　现阶段，职业学校在起始年级都实行了"宽基础、活模块"的大专业制。在对职业学校的文化基础课程、专业理论课程和专业技能课程有一定的学习基础上，我们要进一步分析自我条件，合理评估家庭、学校和社会等条件中对自己的有利和不利的因素，根据自己的职业生涯规划选择就业或者升学。不要仅仅为了提高学历而选择升学。我们要树立终身学习的理念。

信息链接

安徽职教高考流程详细解读（以2022年为例）

职教高考指在省教育厅和省招办的监督指导下，由各高职院校自行组织考试，扩大院校招生自主权的一种升学考试。职教高考和普通高考是考生升入高职院校的两种路径。

职教高考考试难度普遍低于普通高考，考生可以有更多的选择，可以根据自身特点进入自己满意的学校，选择喜爱的专业。

因为职教高考的考试时间在春季，有人也称它"春季高考"和"小高考"、高职单招、高职自主招生。

一、招生对象

报名参加高等职业院校分类考试招生（以下简称分类考试）的考生为已完成安徽省2022年普通高校招生考试报名并取得考生号的考生（含应历届普通高中毕业生、中职学校毕业生、中等技工学校毕业生，具有高中阶段学历或同等学力及以上的退役军人、下岗职工、农民工、高素质农民等）。

报名参加应用型本科高校面向中职毕业生对口招生（以下简称对口招生）的考生为已完成安徽省2022年普通高校招生考试报名并取得考生号的安徽省中等职业学校（包括中等技工学校，下同）三年制及三年制以上学制的应历届毕业生（具有中等职业学校学生学籍或学历，不含普通高中举办的综合班），包括具有中职学历的农民工、退役士兵、企事业单位在职职工、失业人员等。

说明：只有安徽学籍的考生才能报考安徽分类招生考试，报考的院校仅限安徽省内院校，普高生（分类招生）只能报考专科院校，中职生可以报考一所本科院校。

二、志愿填报办法及时间

报考分类考试的考生，可选择报考不超过3所高职院校。

报考对口招生的考生，可选择报考1所本科高校，填报与所学专业相同或相近的1个专业志愿。同时，还可参加分类考试，选择报考不超过3所高职院校。

考生于2022年3月19日10：00至3月24日16：00登录gkbm.ahzsks.cn填报

志愿。

报名流程详见安徽省教育招生考试院网站（www.ahzsks.cn）公告栏或安徽省教育招生考试院微信公众号。

三、考试方式

1. 统考

应届普高生的高中学业水平考试成绩语文、数学、外语三科成绩（含补考）作为文化素质成绩依据，三科均为C级或合格以上的考生视其文化素质测试合格，成绩合格就可以参加学校的校考。

往届普通高中毕业生、中等职业学校应（往）届毕业生，高中学业水平考试语文、数学、外语有任一科不合格的应届普通高中毕业生以及无高中学业水平考试成绩的其他考生群体等，须参加全省统一组织的文化素质测试。

文化素质测试由省教育招生考试院统一组织命题，包括语文、数学、英语三科内容。卷面分值为300分，其中语文、数学每科120分，英语60分。采取合卷笔试的方式进行考试。

2. 校考

由各个高职院校单独组织，考试形式为笔试或面试。

普高学籍考生（应届和往届考生、退役军人、下岗职工、农民工、高素质农民等社会群体考生）参加招生院校组织的职业适应性测试。

中职学籍考生参加招生院校组织的职业技能测试，职业技能测试包括专业能力测试和技术技能测试。

对口招生考生（本科）文化素质测试合格者，参加招生院校组织的职业技能考试。职业技能考试（满分450分）包括专业理论考试（满分200分）和技能测试（满分250分）。技能测试得分150分及以上为技能测试合格，150分以下为不合格。

四、录取规则

根据招生计划、考生数和考试成绩等因素，省教育招生考试院研究确定文化素质测试合格要求。分类考试考生的学业水平考试成绩或文化素质测试成绩，均以合格、不合格形式呈现。对口招生考生的文化素质测试成绩以原始分呈现。

院校组织的考试（测试）成绩合格分数线由各校自行确定。

录取时，充分尊重考生的专业志愿，按照专业志愿先后从高分到低分择优录取。考生所有专业志愿均不能满足时，服从专业调剂的考生，将根据具体情况调剂到相应专业，不服从专业调剂的考生，作不予录取处理。

五、免试录取和优先录取条件

（1）获得全国职业院校技能大赛、世界技能大赛、中国职业技能大赛（国家级一类大赛）三等奖及以上（或前10名）以及世界技能大赛安徽省选拔赛一等奖的中职学校应届毕业生；

（2）具有高级工或技师资格（或相当职业资格），获得县级劳动模范或先进个人称号的在职在岗中职学校毕业生。

（3）退役士兵实行计划单列、单独录取，做到志愿优先、专业优先、应录尽录。具体招生院校由省教育厅根据生源情况等因素确定。

（4）我省革命老区纳入建档立卡贫困家庭的学生，做到志愿优先、专业优先、应录尽录。

（5）乡村医生定向委托培养。在我省开设临床医学、中医学的高职院校中遴选部分办学条件好、人才培养水平高的院校，在分类考试招生中采取计划单列、单独划线、单独录取的方式定向委托培养乡村医生。

六、确认录取

1. 预录取

各招生院校于5月5日前在本校网站公示预录取考生信息，并提供成绩和预录取专业等信息查询。

2. 录取确认

参加对口招生并被预录取的考生，无须确认，直接录取本科院校。未被录取的考生，可参加高职院校分类考试或普通高校招生统一考试。已被录取的考生不得再参加普通高校招生统一考试。

参加分类考试被预录取的考生须在5月11日—12日登录网站gkbm.ahzsks.cn进行录取确认。考生只能选择一所院校确认录取，一经确认，任何人不得更改。确认录取的考生不得再参加普通高校招生统一考试。已被预录取但在规定时间内未进行网上确认的考生视为放弃录取资格。放弃录取资格和未被录取的考生，可参加普通高校招生统一考试。

话题五 开拓创业之路

国家和地方政府都在积极支持和鼓励职业学校毕业生自主创业，出台了一系列的扶持政策，为职业学校毕业生的自主创业创造了良好条件。党的二十大报告也明确提出：完善促进创业带动就业的保障制度，支持和规范发展新就业形态。

方法常识

（一）中职生创业的优势与弊端

创业能更好地提高中职生的能力，丰富中职生的社会实战经验，实现中职生的人生价值和社会价值。

一方面，中职毕业生刚刚走出校门，对未来充满希望，他们充满激情，有着"初生牛犊不怕虎"的精神，这些都是创业者应该具备的基本素质。

另一方面，中职毕业生进入社会早，社会经验不足，有时候盲目乐观、急于求成，缺乏市场意识及商业管理经验等，这些都会影响创业成功。中职毕业生要抓住自己的优势，抓住机遇，保持良好心态，提升自身素质，扎实肯干，要相信：是金子总有发光的一天。

（二）创业的基本步骤

创业的基本程序可划分为5个步骤，即选定创业项目、拟定创业计划、筹集创业资金、办理创业的有关法律手续、创业计划的实施与管理。

· 选定创业项目　大量创业成功者的实例研究证明，选定好的创业项目是创业成功的前提和基础。选择创业项目，不仅要对自身的兴趣、特长、实力进行全面客观分析，而且要善于发现市场机会、把握未来发展趋势。

· 拟定创业计划　选定创业项目是指决定创业"干什么"；拟定创业计划

则是指决定创业"怎么干"。好的计划是创业成功的一半。只有拟出切实可行的创业计划，创业活动才能有的放矢，减少失误，从而提高创业成功的概率。

·**筹集创业资金** 常言说，巧妇难为无米之炊。创业也是一样，必须有一定的资金，否则，创业活动就无法开展。因此，筹集创业启动资金就成为创业者必须解决的一个重要问题。

·**办理创业的有关法律手续** 投资创办企业必须按照有关法律法规要求，办理有关手续，主要是办理工商登记注册手续、税务登记手续及银行开户等。

·**创业计划的实施与管理** 创业者完成了前4个步骤的工作后，接下来就要按照拟定的创业计划要求，组织调配人、财、物等资源，实施创业计划并加强管理。如果说前4个步骤是创业活动的准备阶段，那么这一步骤就是创业活动的实施阶段。创业实施阶段的工作既是创业活动的重点，也是创业活动的难点。这一阶段的工作不仅要求创业者要有吃苦耐劳、不屈不挠的精神，而且要求创业者讲究工作方法、运用经营管理策略，方能实现创业目标。

信息链接

《创业安徽行动方案》节选

7. 支持高校毕业生等青年创业。开展"百万大学生兴皖"行动，实行全方位的政策保障，让他们安心留皖、放心创业、舒心定居。（责任单位：省人力资源社会保障厅，配合单位：省教育厅等）高校毕业生首次创办小微企业且正常经营3个月以上的，从就业补助资金中给予一次性不低于5000元的创业补贴，各地可给予配套支持。（责任单位：省人力资源社会保障厅，配合单位：省财政厅，各市、县人民政府）高校毕业生在毕业年度内从事个体经营的，按规定落实重点群体创业就业税收优惠政策。（责任单位：省税务局，配合单位：省人力资源社会保障厅等）依托"大黄山"等资源，吸引有为青年在工业互联网、软件设计、创意农业等领域创新创业，属地政府给予政策扶持。（责任单位：有关市、县人民政府，配合单位：省经济和信息化厅、省人力资源社会保障厅、省农业农村厅、省文化和旅游厅等）举办"青苗杯"项目资本群英会，推进青年创业小额贷款贴息工作。开展"安徽青年创业奖"评选表彰。（责任单位：团省委，配合单位：省人力资源社会保障厅等）实施"留学人员扶持计划",对3年内达到一定标准创业成功的留学归国人员给予最高50万元补助。(责任单位:省人力资源社会保障厅,配合单位:省财政厅等)

拓展训练

谈谈自己的职业发展规划及具体实施措施。

◎ 拓展目标

明确自己的职业发展目标,规划自己的职业生涯。

◎ 拓展方法

拟订自己的职业发展阶段性目标计划,并列出具体实施措施。

◎ 拓展过程

1. 老师结合职业兴趣测评和职业生涯的有关知识,对学生职业发展阶段和将要采取的具体措施进行有效指导。

2. 学生分组交流自己的职业发展阶段和要采取的措施。

3. 每小组派一名代表阐述自己的职业生涯规划,由学生讨论、评价,老师总结、完善。

实践活动

模拟求职面试

◎ 活动概述与目的

在我们求职的过程中,面试是必不可少的一个环节。它既是求职者素养的展示,也是一个短期准备的过程。面试的结果也往往直接影响聘用结果。

通过开展求职面试活动,让学生参与其中,了解在应聘过程中可能会遇到的问题,及时调整自己的规划,完善不足。

◎ 活动形式与要求

模拟真实面试场景,邀请学生认真准备,实战演练。

1. 选手准备2分钟左右的自我介绍。

2. 制作一份求职简历。

3. 注意个人仪表与着装。

◎ 活动准备

1. 邀请3家校企合作企业的人力资源代表。

2. 邀请职业生涯规划老师指导学生的面试过程。

◎ 活动实施

1. 自我介绍：每位选手在2分钟内完成自我介绍，形式不拘一格。

2. 情景面试：每位选手随机在工作箱中抽取岗位情景面试题目，进行作答。

3. 互动交流：针对应聘岗位情况，选手与企业代表进行互动交流。

4. 企业代表介绍岗位要求，点评选手表现。

5. 职业生涯规划老师对选手的表现和整个活动进行点评。

◎ 活动评价

班主任或者职业生涯规划老师召开班会对本次活动进行总结，重点总结此次活动的亮点和不足，为学生以后的求职面试提供借鉴。